ÉTUDES

SUR

LA VIE ET LES TRAVAUX

DE

J. H. PESTALOZZI

PAR

PHILIBERT POMPÉE

Instituteur-Directeur de l'École municipale Turgot, ex-membre de la Commission
des hautes études et du Comité central d'instruction primaire
de la ville de Paris

MÉMOIRE COURONNÉ PAR L'INSTITUT DE FRANCE
(Académie des sciences morales et politiques)

Prix quinquennal Félix de Beaujour

> J'ai faict seulement ici un amas de fleurs
> estrangières, n'y ayant fourni du mien que
> le filet à les lier.
>
> MONTAIGNE, *Essais.*

———◦◦◦———

PARIS

PERROTIN, LIBRAIRE-ÉDITEUR

PLACE DU DOYENNÉ, 3

———

M DCCCL

ÉTUDES

SUR LA VIE ET LES TRAVAUX

DE

J. H. PESTALOZZI

— PARIS —

IMPRIMERIE DE J. CLAYE ET Cᵉ

RUE SAINT-BENOÎT, 7

INSTITUT NATIONAL DE FRANCE.

ACADÉMIE DES SCIENCES MORALES ET POLITIQUES.

SECTION DE MORALE.

—◦◦◦—

RAPPORT

SUR

LE CONCOURS OUVERT POUR LE PRIX QUINQUENNAL

DE 5,000 FRANCS

FONDÉ PAR M. FÉLIX DE BEAUJOUR

(ANNÉE 1848.)

Présenté dans la séance du 17 décembre 1847

PAR M. GIRAUD

Membre de l'Institut et du Conseil de l'Université.

AU NOM D'UNE COMMISSION COMPOSÉE DE

MM. BENOISTON DE CHATEAUNEUF, — V. COUSIN, DROZ, — GIRAUD, — PASSY (H.) — DE RÉMUSAT.

Ω·

« L'Académie, après avoir inutilement maintenu au programme de ses prix, pendant quatre ans consécutifs, une question qu'elle avait ainsi posée : *Rechercher quelles sont les applications les plus utiles que l'on puisse faire de l'association volontaire et privée au soulagement de la misère*, avait résolu de retirer ce sujet d'un concours demeuré sans résultat, et de lui substituer le sujet suivant, qu'elle proposait pour l'année 1848 : « *Examen critique du système d'instruction et d'éducation de Pestalozzi, considéré principalement*

*

dans ses rapports avec le bien-être et la moralité des classes pauvres. »

« Ce changement de sujet a été suivi d'un plein succès, car le concours, clos le 1er novembre 1847, a provoqué les utiles travaux dont nous venons lui rendre compte.

« L'Académie avait demandé aux candidats un examen approfondi du système de Pestalozzi considéré sous un double point de vue, comme moyen d'enseignement et comme moyen de culture morale ou d'éducation proprement dite. Le sujet embrassait donc tout à la fois la méthode d'instruction, c'est-à-dire l'art de transmettre telle ou telle connaissance humaine, et en même temps le choix à faire parmi ces connaissances, soit pour mieux aider au développement intellectuel de l'enfance, soit pour composer un ensemble d'instruction renfermant ce qu'il importe le plus de savoir relativement à la position de chacun. Le sujet proposé comprenait encore l'examen d'une méthode célèbre d'éducation, c'est-à-dire l'appréciation des principes adoptés par Pestalozzi, comme base de la culture morale de la jeunesse, et des moyens généraux employés, dans son système, pour assurer les résultats de cette éducation morale.

« Mais en se livrant à cette étude compliquée, les concurrents ne devaient point se placer dans une position abstraite, et se borner à rechercher, par exemple, ce qui conviendrait le mieux, en général, pour former l'homme et le citoyen, sous le double rapport de l'instruction et de l'éducation, et puis à déterminer comment le système de Pestalozzi résolvait ce problème. L'Académie n'avait point voulu borner la question aux limites d'un sujet de pédagogie, quelque utile et élevé qu'il pût être ; l'Académie avait encore fait un appel spécial à la science du moraliste, de l'économiste et du philosophe ; elle avait voulu que le système d'instruction et d'éducation d'un illustre bienfaiteur de l'humanité fût étudié principalement dans ses rapports avec le bien-être et la moralité des classes pauvres, En étendant et agrandissant ainsi la question, l'Académie entrait exactement dans la pensée du généreux fondateur du prix et en même temps elle livrait à la discussion publique un sujet digne de la plus haute et de la plus sérieuse attention, en l'état des besoins actuels de la société française.

« La question définie n'appartenait donc plus au domaine seul de la spéculation ; elle était du domaine de l'observation pratique, morale et philosophique ; c'était une question d'économie sociale autant que d'éducation publique, car l'on devait rechercher comment et pourquoi l'éducation et l'instruction sont des moyens de prévenir la misère, de la soulager, de la consoler ; comment enfin la moralité des classes laborieuses se lie à la culture de leur intelligence. C'était, à vrai dire, le but le plus important de la question proposée ; et voilà pourquoi l'Académie avait choisi le nom et le système de Pestalozzi, pour l'offrir comme objet de méditation à l'esprit des concurrents, à ce titre que peu d'hommes, dans ces derniers temps, n'avaient, autant que Pestalozzi, aimé et étudié le peuple, et ne s'étaient autant inquiétés de son éducation et de sa moralité.

« Au point de vue restreint de la méthode d'enseignement, la question proposée avait un intérêt spécial. Une grave erreur règne aujourd'hui dans les esprits : c'est de croire que l'instruction première, donnée à l'école, soit et doive être une instruction immédiatement applicable, c'est-à-dire qu'elle prépare directement celui qui la reçoit à la carrière qu'il est destiné à parcourir, ou qu'en d'autres termes l'enseignement ne soit que l'apprentissage d'une profession. Un tel système suppose l'oubli des traditions les plus constantes en matière d'enseignement humain. L'enseignement a un autre but que celui de former une machine intelligente. Il y a autre chose, dans un enfant à instruire, qu'un maçon, un laboureur ou un avocat futur; il y a tout d'abord une âme humaine. C'est l'être humain qu'il s'agit avant tout d'élever et d'instruire. Il faut le préparer à sa destination comme homme, car il doit être un homme avant d'être maçon, laboureur ou avocat; et alors même qu'il sera engagé dans une profession, il ne sera maçon, laboureur ou avocat qu'à certains jours et à certains moments, tandis qu'il sera homme et qu'il en devra remplir les devoirs tous les jours, à tous les instants et pendant sa vie entière. Le principal est donc l'enseignement de l'homme; l'accessoire, l'enseignement de la profession; ce qui ne veut pas dire que l'accessoire doive être négligé, surtout en un temps où cet accessoire a pris tant d'importance, mais seulement qu'il faut diriger l'ensemble de l'éducation de telle manière que les moyens adoptés pour former l'homme à sa destination générale puissent aussi le rendre plus apte à sa destination particulière et individuelle.

« L'enseignement primaire est, en général, réservé pour le peuple : c'est le seul même qu'il puisse recevoir, mais il ne s'en suit pas qu'il puisse donner au peuple les connaissances qui sont immédiatement utiles à l'amélioration de son bien-être, et encore moins qu'il puisse renfermer toutes les connaissances dont l'enfant du peuple peut avoir besoin pendant le cours de sa vie laborieuse. C'est pourtant à cette conséquence fatale qu'on a été conduit en admettant, avec trop de facilité, la transformation de l'enseignement de l'homme, en enseignement du métier; et cette erreur s'est propagée dans tous les degrés de l'enseignement. Dès qu'on substituait l'uti-

lité pratique et immédiate à la simple aptitude intellec
tuelle et morale, on était entraîné à augmenter toujours
la somme des connaissances données par l'enseignement,
et l'on croyait augmenter ainsi le bienfait de l'enseignement lui-même, et préparer l'amélioration du bien-être
de ceux auxquels il était destiné. Mais le simple bon
sens suffit pour montrer les vices et les déceptions de
ce système, non-seulement au point de vue de l'éducation intellectuelle, mais encore au point de vue de
l'éducation morale. On ne saurait enseigner sans péril
tout ou trop à l'enfance, et parmi les objets mêmes
dont on peut l'occuper, il en est qui sont plus spéciale-
ment appropriés au développement individuel des facultés de chacun, et sur lesquels le choix du maître
doit principalement se porter. Il est d'ailleurs une limite
à la puissance de l'esprit, dans le jeune âge, limite au
delà de laquelle on ne poussera jamais l'intelligence
sans l'énerver et sans étouffer le germe de sa force
future. L'avenir des générations est compromis par cet
abus, car l'esprit perd nécessairement en profondeur ce
qu'il gagne en étendue superficielle. Enseigner peu,
mais bien, tel a été le principe constant de tous les
grands maîtres de l'art, et l'oubli de ce principe est
d'une influence aussi funeste pour l'éducation morale
que pour l'intelligence elle-même : car le savoir confus
ou mal dirigé communique à l'esprit les vices de la
science mal acquise, et l'on en éprouve quelquefois les
effets, non-seulement dans les actes de la vie publique,
mais encore dans la direction de la vie privée. Ce faux
savoir aveugle ceux qui l'ont reçu, il les rend présomp-
tueux en les laissant ignorants, et menace leur avenir
par les fautes dans lesquelles il les entraîne.

« Ce n'est pas ainsi qu'avait procédé Pestalozzi, et
nous dirons bientôt comment son génie avait été porté

*.

vers une pratique opposée, et comment aussi son âme
généreuse put se tromper dans le choix des instruments
qu'il crut les plus propres à la culture de l'esprit, à l'éducation de l'homme et de l'enfant.

« Mais il est vrai que Pestalozzi ne vivait point à une
époque et dans un pays où, comme de notre temps et
chez nous, la recherche et la poursuite du bien-être
absorbent tous les efforts de l'activité humaine, au grand
dommage de la bonne instruction intellectuelle et de
l'éducation morale des classes laborieuses.

« Une sérieuse difficulté du sujet était la recherche
des rapports de l'instruction primaire avec le bien-être
des classes laborieuses. Beaucoup d'illusions ont été
répandues à cet égard ; mais, d'un autre côté, on n'a
point assez donné d'importance à la réalité des faits.
Ce qui domine aujourd'hui dans la société au milieu de
laquelle nous vivons, c'est le désir immodéré du bien-
être ; il est né des progrès de l'industrie et de l'émancipation des classes inférieures. La révolution sociale
qui a écrit les noms d'égalité et de liberté en tête de
toutes nos institutions civiles et politiques, a naturellement favorisé le développement des classes qui jadis
s'appelaient inférieures, et éveillé des prétentions de
bien-être auparavant inconnues, prétentions légitimes si
l'on considère le nivellement du droit de tous et le ren-
versement des barrières qui marquaient, autrefois, la
distinction des rangs et des ordres ; mais prétentions le
plus souvent insensées, si l'on envisage sérieusement le
fond des choses, car la destruction des barrières légales
n'a point entraîné la destruction des barrières réelles,
et la condition matérielle de chaque individu n'a pu ni
dû éprouver la même révolution que son aptitude juri-
dique et politique. Il en est résulté un malaise moral,
cause de beaucoup de souffrances et de beaucoup

d'erreurs. On s'est cru propre à tout, parce qu'on pouvait aspirer à tout ; on s'est cru même droit à tout, et
le sentiment de l'infériorité relative est devenu plus
pénible à supporter.

« La liberté moderne a donc fait aux classes moyennes
et laborieuses une position plus prospère en apparence,
mais en réalité plus difficile et plus périlleuse au point
de vue de leur propre intérêt. L'émancipation les a
livrées à leurs propres forces ; elles sont libres, par exemple, de choisir la carrière qui leur plaît, mais à leurs
risques et périls ; il leur faut donc plus d'intelligence
pour faire un choix judicieux, et plus de vertu morale
pour supporter la responsabilité de leurs actes, en res-
pectant le droit et la liberté d'autrui. Plus d'intelligence
leur est nécessaire pour comprendre la nécessité de la
prévoyance, de l'ordre et de l'économie ; plus de moralité leur est imposée pour mesurer leur conduite, pour
maintenir l'ordre et pour pratiquer l'économie. Tel est
le véritable aspect de la question de l'amélioration de la
condition du peuple par l'instruction primaire ; et ici
encore les matières elles-mêmes de l'enseignement n'of-
frent plus qu'une importance accessoire en comparaison
de la culture des facultés en général, et par dessus tout
de la culture morale. Ce n'est point par la connaissance
spéciale de la géographie ou de la grammaire que le
bien-être du peuple sera accru ; ce qui importe avant
tout, c'est le développement de l'esprit moral, et, à cet
égard, la manière de donner l'enseignement a peut-être
plus d'influence que la nature de l'enseignement lui-
même. Ici encore, la charité admirable, l'amour ardent
de l'humanité qui animait Pestalozzi, l'esprit profondément chrétien de ses pratiques, étaient pour les concurrents un thème d'études fécond en résultats.

« Combien cette tâche est agrandie en présence de la

situation actuelle de la société française ! La tâche est si grande qu'elle apparaît effrayante, car le salut de l'Etat et de la société même dépend de la solution qui sera donnée à de redoutables problèmes.

« Examinons, maintenant, comment les intentions de l'Académie ont été comprises, et de quelle manière les concurrents ont répondu à notre attente.

« Onze mémoires ont été envoyés à l'Académie. »

Ici le rapporteur analyse le mémoire n° 11, ouvrage qui, dans la pensée de son auteur (M. Rapet), « s'adressait moins aux maîtres d'école qu'aux administrateurs, aux économistes, aux gouverneurs de l'instruction publique, dans son pays, et, tout en montrant une expérience complète dans l'art d'enseigner, il a négligé des détails indispensables aux instituteurs pour les diriger dans l'application de la méthode, mais superflus pour des hommes qui doivent envisager la question d'un autre point de vue[1]. » Puis il conclut ainsi :

« Quand on a lu ce mémoire, on peut juger la méthode pédagogique de Pestalozzi; on peut se rendre un compte exact de sa valeur, de ses succès, de ses défauts, et de la décadence de sa réputation; la longue et savante analyse qu'on vient de parcourir ne laisse aucun doute dans l'esprit, relativement à l'utilité que ce système pourrait offrir pour la direction de nos écoles primaires. La question économique qui se rattache à la question d'éducation est également résolue, quoique avec moins de développement et d'autorité; on a là l'ouvrage d'un critique instruit et sensé, et à ce point de vue l'esprit est satisfait. Mais si l'on se souvient de l'enthousiasme que Pestalozzi a excité en Europe, de la vénération dont sa mémoire est encore entourée, et du respect que ses

[1]. *Rapport de M. Giraud*, pages 458 et 459.

élèves eux-mêmes ont inspiré jusqu'à nos jours ; on sent comme d'instinct qu'il manque quelque chose à cet examen critique, dont, cependant, le plan, la conduite et les conclusions répondent exactement à la question posée et où nous trouvons la solution rigoureuse du problème indiqué par l'Académie.

« En effet, ce grand et bel ouvrage n'est point complet, Il suffit pour juger le système, mais il ne suffit pas pour juger Pestalozzi. La méthode est mise au grand jour, mais l'homme est quelque peu laissé dans l'ombre. L'école est appréciée, mais celui qui l'a fondée n'est point connu ; c'est un grand côté qui manque au tableau. On dirait que l'auteur du mémoire n° 9 (M. Pompée) a pris pour tâche spéciale de remplir cette lacune et de compléter l'œuvre de son compétiteur. Le Mémoire n° 9 nous offre, en effet, un attrait particulier de nouveauté ; il se ditingue par un mérite tout différent de celui que nous avons loué dans le mémoire n° 11. Ce dernier s'est inspiré de la raison philosophique, de l'analyse inexorable et de l'impartialité du sens critique ; il a examiné, jugé la méthode, ses effets, ses résultats, constatés ou probables, dans leur application à la France actuelle ; l'autre s'est inspiré de l'admiration et du culte d'une mémoire vénérée ; son cœur s'est ému au récit des vertus de Pestalozzi ; il a recherché avec un soin pieux tous les souvenirs qui en sont restés chez les contemporains, et il a répondu à la question de l'Académie par l'histoire attachante d'un bienfaiteur de l'humanité.

« Quelle âme magnanime, en effet, que celle de cet homme qui écrivait à Gessner : *et je vécus moi-même comme un mendiant , pour enseigner à des mendiants à vivre comme des hommes.*

« Le mémoire de M. Pompée est divisé en deux parties à peu près égales ; l'une intitulée *Biographie*, l'autre

intitulée *Méthode*, mais toutes deux intimement liées et
comme faisant suite l'une à l'autre. Parcourons rapidement avec l'auteur cette vie saintement dévouée à l'éducation de la jeunesse, et surtout de l'humanité malheureuse. »

Ici le rapporteur retrace les points les plus saillants
de la vie de Pestalozzi, et se plaît à rendre hommage
au récit attachant, sympathique et simple de l'auteur ;
il regrette de ne pouvoir, dans sa rapide esquisse, mettre
sous les yeux de l'Académie des citations plus nombreuses, et il ajoute : « Mais tous ces faits, tous ces
documents seront sans doute livrés à la publicité, et
notre époque aura beaucoup à y gagner. » Enfin il termine en disant : « Tel est, messieurs, l'abrégé de la
longue et toujours attrayante Biographie à laquelle l'auteur du mémoire n° 9 a consacré la moitié de son
ouvrage.

« La seconde partie a pour objet précis l'examen du
système en lui-même. Mais si ce mémoire est supérieur
à celui de son concurrent du n° 11, en ce qui touche
l'appréciation de l'homme, il nous a paru qu'il était
incontestablement inférieur à ce dernier, en ce qui
touche l'appréciation critique des méthodes, la sûreté
des jugements, la direction exacte des idées et la rec-
titude des données économiques. L'un est plus froid,
mais il a plus de maturité ; l'autre a plus de cœur, mais
il est moins maître de ses mouvements ; tous deux, au
demeurant, très-remarquables dans l'emploi de leurs
qualités diverses.

« L'auteur du mémoire n° 9, recherche d'abord quels
sont les *principes généraux de l'éducation* ; et dans
cet examen, il relève avec impartialité des erreurs qu'il
reconnaît dans les idées de Pestalozzi. Mais Pestalozzi
avait moins étudié les hommes qu'il ne les avait aimés.

C'est à force d'amour et d'abnégation qu'il a conquis l'autorité d'un père plutôt que celle d'un précepteur. C'est là sa gloire et son honneur éternel, car ce principe de l'amour est demeuré inconnu, avant lui, à tous ceux qui se sont occupés théoriquement de pédagogie.

« L'auteur expose ensuite l'influence de l'*Education maternelle et domestique* ; l'importance de l'*Education morale et religieuse* ; le discernement qui devrait présider au choix et à la distribution des *matières de l'enseignement* et la place que doit occuper *l'éducation physique et industrielle*. Mais, à l'énoncé seul de ce plan de l'examen critique auquel il s'est livré, on peut reconnaître l'avantage que l'auteur du n° 11 a conservé par la savante et judicieuse analyse à laquelle il a donné un si vaste et si remarquable développement.

« Hâtons-nous de le dire, cependant, si l'auteur du mémoire n° 11 nous a paru s'être placé à un meilleur rang, en ce qui touche l'examen critique et l'usage qu'on peut faire aujourd'hui en France des pratiques de Pestalozzi, nous n'en devons pas moins signaler à l'attention de l'Académie les deux derniers chapitres du mémoire n° 9, où sous les titres d'*Appréciation du système* et de *Propagation du système*, l'auteur exprime des idées neuves et qu'il est utile de consulter. Le programme de l'Académie eût été mieux rempli s'il leur eût donné plus de développement, et si la question de l'influence de l'éducation sur le bien-être n'avait été un peu laissée de côté, ou plutôt si elle avait été traitée sous d'autres points de vue [1]. Ce n'en est pas moins un bel ouvrage, et

---

[1]. En lisant la préface du mémoire n° 9, et surtout le texte et la note de la page 40 de ce volume, ou restera convaincu qu'en traitant la question mise au concours par l'Académie, M. Pompée s'est placé à un point de vue tout différent de celui sous lequel M. Rapet a écrit le mémoire n° 11.

nous en avons dit assez pour motiver le partage de
prix que nous proposons à l'Académie, partage dans
lequel nous faisons la part un peu meilleure pour l'auteur du mémoire n° 11, car si l'un a écrit un ouvrage
plus attachant, au moins dans sa première partie, l'autre a fait un travail plus utile, et a mieux rempli le
programme de l'Académie.

On voit en effet par la phrase du rapport que nous avons reproduit
ci-dessus (p. VIII, 3e alinéa) que M. Rapet *s'adresse moins aux
maîtres d'école qu'aux administrateurs*, tandis que M. Pompée dé-
clare qu'*il lui a semblé que pour répondre utilement aux intentions
de l'Académie et aux besoins pédagogiques des instituteurs, c'est
surtout en vue de ceux-ci que cette question devait être traitée.*

Cette dernière manière d'envisager la question explique les motifs
qui ont empêché M. Pompée de donner plus de développement à la
partie purement philosophique et économique de son travail.

(*Note de l'Éditeur.*)

PRÉFACE.

31 octobre 1847.

L'Académie des Sciences morales et politiques a mis au concours : « L'examen critique du système d'éducation et d'instruction de Pestalozzi, considéré principalement dans ses rapports avec le bien-être et la moralité des classes pauvres. »

A une époque où l'on s'occupe avec une sollicitude si touchante et si profonde de tout ce qui peut contribuer à améliorer le sort des classes inférieures de la société, à une époque où chacun reconnaît et proclame hautement l'influence de l'éducation pour atteindre ce but, on est heureux de voir l'Académie, fidèle à sa noble mission, appeler l'attention publique sur les systèmes, les procédés, les méthodes qui peuvent le plus facilement guider les hommes pratiques dans l'accomplissement de cette grande tâche, et contribuer ainsi à fonder en France cette science de l'éducation qui, dans d'autres contrées, est cultivée avec tant de succès.

1

C'est qu'en effet pour les hommes qui s'occupent
sérieusement de l'éducation de l'enfance, il n'est pas
de question plus intéressante, plus vitale à étudier.
Jusqu'à présent nous avons dû combattre la doctrine
des hommes qui soutenaient que les gens les plus
ignorants formaient la classe la plus vertueuse, la plus
utile, la plus heureuse de l'espèce humaine ; leur influence était si grande qu'il n'a fallu rien moins, pour
conserver dans notre pays les traces de l'enseignement
élémentaire, qu'une Société[1] qui comptait dans son
sein tout ce que la France renfermait d'hommes
illustres, et la résistance était si forte, qu'il n'a fallu
rien moins qu'une révolution[2] pour faire rentrer dans
la loi l'Instruction primaire qui en avait été bannie.

Depuis cette époque, grâce aux Guizot, aux Cousin,
aux Salvandy, l'instruction primaire a repris dans
nos institutions la place honorable qu'elle doit occuper dans un pays comme la France. Malgré les partisans de l'obscurantisme, chaque commune a maintenant son école ; un traitement bien minime, mais qui
doit nécessairement s'élever, assure le pain quotidien
aux Instituteurs de l'enfance ; les Départements et
l'État ont fondé un grand nombre d'écoles normales ;
la grande majorité de la population s'habitue à envoyer chercher par ses enfants les éléments d'instruction dont la loi fixe le minimum ; l'Université et

1. La Société pour l'Instruction élémentaire, fondée en 1815.
2. La Révolution de Juillet 1830.

les Comités veillent par leurs inspecteurs à ce que l'instruction primaire soit donnée à tous ceux qui se présentent pour la recevoir ; les Conseils municipaux désignent les enfants pauvres qui doivent être élevés gratuitement; et cependant, malgré tous ces sacrifices, malgré le bon vouloir de l'autorité, malgré le zèle et le dévouement des instituteurs, on sent qu'il manque encore quelque chose pour que l'éducation populaire ait acquis le degré de perfection auquel elle doit nécessairement parvenir.

Ce qui manque, ce sont des préparations pédagogiques qui permettent d'augmenter le nombre des instituteurs vraiment dignes de ce nom : l'Académie des Sciences morales et politiques l'a bien senti, car, en 1838, elle mettait au concours la question de savoir quelle était la meilleure organisation à donner aux établissements destinés à former ces fonctionnaires. Grâce à elle, le Ministre a puisé de grandes lumières dans les mémoires couronnés, il a pu introduire de grandes améliorations ; mais il est un point important sur lequel ses prescriptions ont échoué, et malheureusement c'est sur la partie la plus essentielle, car il s'agit des cours de Pédagogie, c'est-à-dire de l'enseignement qui a la plus grande influence pour la formation des instituteurs, car sans lui une école normale ne donne à ses élèves-maîtres que les notions qu'ils doivent transmettre à leur tour, sans les éclairer sur la marche qu'ils devront employer à cet effet, et l'instituteur se trouve livré à son inexpérience pour diriger les nombreux enfants qui doivent lui être confiés.

Il est donc impossible d'avoir, quant à présent, de bons instituteurs au sortir des écoles normales ; ils ne peuvent, aujourd'hui, le devenir qu'à la longue ; mais pour cela encore il faut qu'ils soient consciencieusement dévoués à la carrière qu'ils ont embrassée et qu'ils cherchent à s'instruire dans les devoirs de leur profession ; dans cette route nouvelle où rien ne les dirige et où cependant tant d'autres ont passé avant eux, ils devront nécessairement s'égarer, il leur faudra du temps pour retrouver le droit chemin ; et pendant tout ce temps, pendant tous ces tâtonnements, que deviendront les générations d'élèves qui leur sont confiées ? Victimes de l'inexpérience de leurs guides, elles quitteront l'école au moment où elles seront appelées à d'autres travaux, et le temps perdu pour leur éducation deviendra pour elles irréparable !

Que dirait-on d'une École de médecine dans laquelle on laisserait ignorer aux élèves les expériences, les travaux qui ont été faits jusqu'à eux dans l'art de guérir, dans laquelle on ne ferait aucun cours de clinique, et qui accorderait cependant à ses disciples le droit d'exercer la médecine à la suite de leurs études ? On verrait alors ces jeunes gens, dans un état complet d'isolement, obligés de faire leur apprentissage sur leur clientèle, de recommencer tous les travaux des Bichat, des Dupuytren, des Broussais, de découvrir enfin de nos jours les routes frayées par leurs prédécesseurs. Combien l'intérêt privé et l'intérêt public ne souffriraient-ils pas d'une pareille organisation ?

Telle est cependant l'organisation de nos écoles normales, car, d'une part, l'enseignement pédagogique manque presque partout, et les écoles annexes, qui sont la clinique des instituteurs, ne se rencontrent presque nulle part. C'est donc là qu'il est nécessaire de porter des regards attentifs si l'on veut sérieusement améliorer l'état de l'instruction primaire en France.

Nous ne parlerons pas des écoles annexes, qui ne rentrent pas dans la ligne que nous devons parcourir, nous ne nous occuperons ici que de l'enseignement pédagogique qu'il convient de donner aux instituteurs de la jeunesse, et de la nécessité qu'il y a de fonder sérieusement dans toutes les écoles normales populaires un cours analogue à celui qui vient d'être créé récemment à l'École normale supérieure [1] ; mais pour cela il est indispensable de recueillir les matériaux qui doivent guider les professeurs chargés de répandre ce nouvel enseignement

Les principes véritables de l'art de l'éducation sont disséminés partout ; des écrivains de tous les temps, de toutes les nations, de tous les cultes, ont consacré leurs méditations à cette matière si importante ; on

---

1. Au moment où nous écrivions ces lignes, nous ne pensions guère que cet enseignement dût être supprimé. Espérons que les raisons d'économie qui ont motivé cette suppression, ne seront pas un obstacle lorsqu'on voudra sérieusement rétablir ce cours.

1.

les retrouve dans les Quintilien, les Socrate, les Montaigne, les Milton, les Locke, les Érasme, les Coménius, les Rollin, les Rousseau, les Basedow, les Pestalozzi, etc., etc.; on les rencontre épars dans une foule d'excellents ouvrages théoriques et pratiques qui se ressemblent au fond, qui ne varient que dans la forme. Les psychologues ont étudié l'homme avec autant de soin que les anatomistes, et ils ont semé çà et là des doctrines de la plus grande importance; d'une autre part, les hommes pratiques se sont mis à l'œuvre, et l'expérience est venue confirmer l'excellence de leurs méthodes, de leurs procédés, ou en faire reconnaître le danger ou la faiblesse; et cependant, malgré cette richesse de matériaux, il n'existe pas, en France, un livre dans lequel on ait exposé, avec simplicité, les méthodes théoriques et pratiques; où l'on ait réuni les essais divers qui ont été faits sur tous les points du monde civilisé pour mettre les méthodes d'enseignement en harmonie avec la nature de l'homme et l'état des sociétés modernes.

Ne serait-il pas temps de penser à la composition d'un ouvrage pédagogique qui offrirait, non les systèmes des particuliers, non des productions de cabinet, mais le précis de toutes les recherches, de toutes les observations, de toutes les expériences, de tous les résultats, de tous les principes admis parmi les hommes dans tous les lieux, dans tous les temps; d'un ouvrage qui réunirait toutes les tentatives isolées, qui

rapprocherait tous ces documents, qui les lierait de
manière à en faire un corps de doctrine; d'un ouvrage
qui formerait un manuel pédagogique, qui pourrait tenir lieu aux instituteurs de cette quantité considérable
de livres rares ou dispendieux qu'il faudrait consulter
pour le faire; d'un ouvrage, enfin, qui, dans toutes
les écoles normales primaires, servirait de base à l'enseignement théorique de l'*art de l'éducation.*

Mais si la méthode, si les principes théoriques et
pratiques doivent contribuer à l'amélioration de l'éducation populaire, l'instituteur a une bien plus grande
influence encore : une vocation ardente, un amour
profond pour la sainte mission qu'il a entreprise, un
dévouement sans bornes à ses élèves, un désintéressement complet, une soumission et une confiance en-
tières aux décrets de Dieu, sont encore bien plus nécessaires à l'instituteur, pour vaincre les obstacles
qui peuvent se dresser devant lui, pour lui faire dé-
daigner les ennuis, les dégoûts qui viennent trop souvent l'assaillir. Son éducation professionnelle ne doit
donc pas se borner à la notion technique des meilleurs préceptes d'éducation, il faut encore lui inspirer
toutes les vertus qui viendront vivifier les connaissances qu'il aura acquises; alors seulement, avec de
semblables instituteurs, toutes les communes auront
de bonnes écoles.

L'Académie des Sciences morales et politiques a
compris qu'il fallait concentrer tous ses efforts pour
former de tels instituteurs, puisque après avoir

pourvu à l'amélioration des écoles normales, elle complète aujourd'hui son œuvre en mettant au concours la question qui nous occupe et qui fournit, en effet, plus qu'aucune autre la possibilité de répandre parmi les instituteurs actuels et futurs d'excellents conseils pédagogiques et d'exercer sur eux l'influence d'un exemple qu'on chercherait vainement ailleurs.

En effet, l'Académie, en choisissant l'examen des travaux de Pestalozzi, a mis à l'étude celui des systèmes d'éducation qui peut être l'objet d'une appréciation véritablement consciencieuse, elle a pensé que parmi tant de méthodes qui se disputent la prééminence et qui ont acquis une certaine réputation, celle-là était la seule assez éloignée par le temps, assez indépendante des hommes et des lieux, pour qu'on puisse l'étudier sans passion et la juger sans complaisance; mais il est une autre cause encore qui recommandait le nom de Pestalozzi à l'attention de l'Académie, c'est que ses travaux sont presque aussi inconnus parmi nous qu'ils sont répandus là où l'on parle la langue dans laquelle ils ont été écrits, et que pendant les vingt-cinq premières années du XIXᵉ siècle, il a attiré l'attention de toute l'Europe sur la grande œuvre de l'éducation élémentaire.

Comme pédagogue, Pestalozzi n'est pas seulement un auteur à l'instar de Montaigne, de Locke, de Rousseau et de tant d'autres qui ont écrit sur l'éducation sans avoir le courage ou l'occasion d'appliquer leurs théories; c'est encore un instituteur comme Gerson,

Rollin, Delasalle ; animé d'un profond désir d'améliorer
le peuple, pour tarir la source de ses misères, il a voulu
l'instruire. Dégoûté des méthodes employées pour sa
propre instruction , étranger par ses études à la profession d'Instituteur, il chercha des routes nouvelles,
il reprit toutes les questions à leur origine, il étudia la
marche de la nature et non les systèmes des hommes.
Il aborda tous les problèmes qui, à l'époque où il les
examinait, fixaient à peine l'attention de quelques
érudits ; et de toutes ses recherches, de toutes ses
observations, de tous ses essais, de tous ses résultats,
il forma un système qui embrasse la culture de
l'homme tout entier, qui s'adresse tout à la fois au
corps , à l'âme, à l'esprit de ses disciples. Il déter-
mina de nouveaux points de départ à toutes nos connaissances, il établit l'ordre dans lequel doit être
enseignée et traitée chaque branche d'instruction
élémentaire, et il simplifia le travail tout en le rendant plus attrayant et plus productif.

Si les travaux pédagogiques de Pestalozzi sont de
nature à répandre, parmi nos instituteurs, bien des
idées qui toutes sont applicables, puisque leur auteur
et ses nombreux disciples les ont appliquées , sa vie
doit être donnée en exemple à tous les hommes qui
se dévouent à la pénible carrière de l'instruction populaire : en la lisant, ils contempleront le dévouement
dans toute sa simplicité, dans toute sa grandeur ; ils
trouveront dans cette abnégation la source de sa capacité, de son talent, de ses immenses services ; en

la lisant, ils apprendront quel est l'esprit dont ils
doivent être animés pour faire un peu de bien pendant leur vie et pour rendre leur exemple profitable,
même après leur mort!

C'est sous ce double point de vue que nous avons
cru devoir envisager la question dont nous nous occupons; et si la vie de Pestalozzi et l'étude de son
système ont également attiré notre attention, c'est
parce qu'il nous a semblé que pour répondre utilement aux intentions de l'Académie et aux besoins
pédagogiques des instituteurs, c'est surtout en vue
de ceux-ci que cette question devait être traitée[1];
c'est aussi dans ce but que nous avons cherché à
mettre tout notre sujet en action plutôt que de nous

[1]. Nous avons été surtout corroborés dans notre opinion par ce
passage du rapport fait par M. Jouffroy, sur le concours relatif aux
perfectionnements que pourrait recevoir l'institution des Écoles
Normales.

« Si votre rapporteur, dit-il, voulait résumer en deux mots l'idée
qu'il a cherché à donner à l'Académie de ces deux ouvrages qui
honorent tant son concours, il lui dirait : Mettez le n° 4 sous enve-
loppe, et envoyez-le au Ministre de l'instruction publique; il s'a-
dresse, en effet, à l'homme d'État; il lui indique le mal et le remède.
— Tirez le n° 7 à mille exemplaires, et faites-le parvenir à tous les
fonctionnaires supérieurs de l'instruction primaire, il pourrait devenir l'évangile des Directeurs d'Écoles Normales; ils y puiseraient
l'intelligence et l'amour de leur haute mission. »

Dans la question qui nous occupe, et qui intéresse si vivement
tous les instituteurs primaires, il est inutile de dire que je désire
pour ces *Études sur Pestalozzi*, mais sans oser l'espérer, un jugement analogue à celui que M. Jouffroy portait, en 4840, sur le n° 7,
dont l'auteur est M. P. Dumont.

borner à exposer dogmatiquement et sèchement des
principes qui n'auraient pas suffisamment captivé l'attention des instituteurs auxquels nous nous adressons
plus particulièrement; c'est dans ce but que nous avons
éloigné de cet écrit toutes les expressions nouvelles,
toutes les subtilités métaphysiques, toutes les répéti-
tions inutiles qui fourmillent dans les œuvres de l'auteur
et qui auraient pu contribuer à obscurcir sa doctrine.

Obligé, pour faire connaître ce système, de traduire
ces volumes si longs et si diffus, afin d'y découvrir
les vérités pédagogiques qui brillent par intervalles
lointains comme des éclairs dans la nue la plus
sombre, nous avons évité avec soin ces formules de
raisonnement, composées de phrases sans fin qui
enveloppent dans des tournures savantes des idées
fort simples qu'on peut exprimer en deux mots; et si
l'on nous accusait d'avoir parlé un langage trop vulgaire, nous répondrions avec le père Girard, à qui
les Allemands faisaient un semblable reproche : « La
sublimité de la métaphysique ne consiste quelquefois qu'à dire ce que tout le monde sait, avec des
mots que personne ne comprend. »

Nous n'avons rien négligé pour porter la lumière
sur Pestalozzi et sur son œuvre : indépendamment
de ses actes dans lesquels nous avons cherché ses
doctrines, nous avons consulté tous les rapports officiels qui ont été faits sur leur application et sur leurs
résultats, dans ses divers Instituts; nous avons lu bien
des volumes qui ont été écrits pour ou contre ses prin-

cipes à une époque où, comme cela arrive presque
toujours, ceux-ci n'avaient que des admirateurs enthousiastes ou des détracteurs passionnés ; dans tout
ce chaos, nous avons cherché la vérité, et c'est ce que
nous croyons être la vérité sur Pestalozzi et sur son
œuvre que nous avons recueilli, et que nous sou-
mettons aujourd'hui au jugement de l'Académie.

Il va sans dire que, dans notre appréciation, nous
avons toujours, selon l'indication du programme,
considéré ce système dans ses rapports avec le bien-
être et la moralité des classes pauvres. Pouvions-
nous, en effet, parler des travaux de Pestalozzi sans
avoir constamment devant les yeux les bienfaits que
répand l'éducation et surtout cette éducation première qui a inspiré toutes ses tentatives, et à laquelle
il a consacré presque tous ses écrits; de cette éducation populaire, dont l'un des premiers il fit sentir
l'utilité, la nécessité et l'importance, et qu'il contribua si puissamment à répandre par son exemple et
par ses travaux ? N'oublions pas cependant que d'a-
près l'heureuse expression de Mme de Staël : « Le
système de Pestalozzi donne à chaque homme, de
quelque classe qu'il soit, une base sur laquelle il peut
construire à son gré la chaumière du pauvre ou le
palais des rois [1]. »

Puissent ces études consciencieuses, écrites avec

---

1. *De l'Allemagne*, par madame de Staël, chap. XIX, *des Institutions particulières d'éducation*.

une grande simplicité, sans aucun artifice de style,
et malheureusement avec une trop grande rapidité [1],
ne pas être indignes de l'attention des juges honorables qui doivent prononcer sur leur degré d'utilité;
puisse surtout l'Académie, après avoir jeté un regard d'intérêt sur l'état de l'instruction primaire en
France, employer ses puissants efforts pour édifier
ce monument pédagogique dont elle vient de poser
la première pierre !

[1]: J'aurais dû peut-être, en publiant ce Mémoire, le remanier dans
quelques-unes de ses parties, non quant au fond, mais quant à la
forme. Cependant, à la suite des événements politiques survenus en
février 1848, trois mois après le dépôt du manuscrit au secrétariat
de l'Institut, je n'ai pas cru devoir y rien changer. Je préfère le donner avec ses imperfections, que je prie le lecteur de me pardonner,
plutôt que d'encourir le reproche de lui avoir fait subir quelques
modifications en raison des circonstances.

La rapidité avec laquelle j'ai dû écrire ce Mémoire,
pour le déposer dans le délai de rigueur prescrit par
l'Académie, ne m'a pas permis d'indiquer au bas de
chaque page toutes les sources auxquelles j'ai puisé à
pleines mains, ainsi que l'indique l'épigraphe de mon
livre; d'un autre côté, il me serait impossible de donner à la fin de ce volume toutes les pièces justificatives
qui pourraient paraître nécessaires pour établir la parfaite exactitude de tous les faits que j'avance. J'ai cherché à combler cette double lacune en dressant la liste
nombreuse des documents imprimés et manuscrits que
j'ai consultés. Ceux de mes lecteurs qui voudraient faire
une étude plus approfondie de la vie et des travaux de
Pestalozzi, trouveront dans les ouvrages qu'indique cette
BIBLIOGRAPHIE tous les renseignements qu'ils pourraient
désirer.

ÉTUDES

SUR

LA VIE ET LES TRAVAUX PÉDAGOGIQUES

DE

J. H. PESTALOZZI

— — —

PREMIÈRE PARTIE.

BIOGRAPHIE.

> Je vécus moi-même comme un
> mendiant, pour enseigner à des men-
> diants à vivre comme des hommes.
>
> PESTALOZZI A GESSNER.

CHAPITRE PREMIER.

Enfance et jeunesse de Pestalozzi.

A l'époque des persécutions qui accueillirent le protestantisme dès son origine, un grand nombre de nobles familles italiennes se virent contraintes de fuir le Bergamasque, pour se réfugier en Suisse, où elles formèrent bientôt, par l'ascendant de leurs lumières, de leur industrie, et de leurs fortunes, la souche d'une aristocratie puissante. Au nombre de ces dernières se trouvait la famille Pestalozzi, qui se fixa dans la partie allemande de cette contrée ; elle s'établit à Zurich, où elle acquit bientôt une grande importance.

Ce fut dans cette ville que naquit, le 12 janvier

2.

1746, Jean-Henri Pestalozzi, dont le père, Jean-
Baptiste, exerçait avec distinction la profession
de médecin-chirurgien ; sa mère, née Hotze de
Richterwyl, appartenait à une excellente famille
du canton. Elle était proche parente du général
Hotze, qui périt en 1799 à la bataille de Schan-
nis.

Henri n'était pas encore parvenu à sa sixième
année lorsque son père fut atteint d'une grave
maladie. Ses connaissances médicales lui ayant
bientôt donné la conviction qu'il n'en guérirait
pas, il fit venir à son lit de mort une servante
consciencieuse, pleine de zèle et de piété , qui
était entrée à son service quelques mois auparavant en sortant de son village, et qui avait
gagné sa confiance par ses mœurs bonnes et
patriarcales, par les soins maternels qu'elle
avait prodigués à ses petits enfants. « Babeli, lui
dit-il, par pitié, et pour l'amour de Dieu, ne
quitte pas ma femme quand je serai mort; sans
ton assistance, elle ne sera pas en état d'élever
ses enfants, et si tu te retires, je crains qu'ils ne
tombent dans des mains dures et étrangères.
— Je ne quitterai pas votre femme si vous venez
à mourir, lui répondit cette fille avec simplicité,
je resterai avec elle jusqu'à ma mort, si cela est

nécessaire. » Ces bonnes paroles rassurèrent le malade, et il rendit le dernier soupir sans inquiétude sur le sort de sa jeune famille.

Restée veuve avec deux fils et une fille en bas âge, madame Pestalozzi ne fut pas découragée par la charge pénible qui lui était survenue ; elle se voua entièrement à l'éducation de ses enfants, et comme la mort de son mari l'avait réduite à des moyens d'existence très-limités, elle vécut dans la retraite avec la plus sévère économie. Babeli tint sa promesse. Jusqu'à sa mort elle seconda admirablement la pauvre veuve dans les occasions les plus difficiles ; elle apportait dans son service pénible une persévérance, une circonspection, une prudence dignes des plus grands éloges. Toute son ambition consistait à cacher à tous les yeux l'état de gêne auquel cette famille était réduite par la mort de son chef, et comme elle conservait l'espoir que son jeune maître prendrait un jour dans la société le rang que son père y avait tenu, sa sollicitude tendait à conserver soigneusement toutes les apparences extérieures qui devaient aider la réalisation de ses espérances.

Pestalozzi fut donc privé par la mort de son père, de cette éducation mâle et solide que les

hommes seuls peuvent donner. Renfermé dans
la chambre de sa bonne mère affligée, appuyé
sur ses genoux, privé de toute communication
extérieure avec des enfants de son âge, abandonné à ses propres rêveries, il grandit ainsi
dans une privation à peu près totale des occasions favorables pour acquérir cet usage du
monde, cette expérience des hommes, cette
connaissance des choses qu'on ne peut puiser
que dans les relations sociales. Mais en revanche
il se développait dans son corps frêle, une sensibilité profonde, de vifs sentiments de reconnaissance pour les soins dont il était entouré
par sa mère et la bonne Babeli ; il savourait les
douceurs du foyer domestique dans les limites
duquel toute son existence était concentrée, et
si la privation de la direction paternelle ne lui
permit pas de contracter de bonne heure des
habitudes nécessaires à la vie de l'homme, il
découvrit par l'expérience de son propre cœur
quelle était l'efficacité de l'*influence maternelle*,
et il puisa dans le souvenir ineffaçable du tendre dévouement d'une pauvre servante, les sentiments généreux qui le portèrent toute sa vie à
se montrer l'ami zélé, le puissant avocat des
classes inférieures de la société.

Pestalozzi ne quittait la maison maternelle
que pour aller passer quelques jours à la campagne, chez son grand-père, qui vivait tranquille
et retiré dans le village de Hong, dont il était
pasteur. Une douce piété, un profond attachement à la simplicité des mœurs primitives, une
ardente charité, une sollicitude profonde pour
l'instruction des enfants de sa paroisse, tels
étaient les traits distinctifs du caractère de ce
digne ministre; il aimait tendrement son petit-
fils, auquel il inculquait de sincères sentiments
religieux. Aussi Pestalozzi était-il fort heureux
lorsqu'il pouvait aller voir le bon pasteur, et on
l'entendit souvent répéter depuis, « que si on
« veut inspirer aux enfants une véritable crainte
« de Dieu, il suffit de les faire vivre au milieu de
« vrais chrétiens. »

Pendant son séjour à Hong, notre jeune
Henri, qui approchait de sa dixième année,
accompagnait son grand-père dans les visites
que celui-ci faisait aux malades et aux pauvres
de sa paroisse. Il le suivait à l'école lorsqu'il
allait s'assurer si l'Instituteur donnait tous ses
soins à l'enseignement de la lecture, de l'écri-
ture, à la récitation des prières, des passages
de la Bible et du catéchisme; il entendait alors

avec quelle sollicitude le bon vieillard cherchait
à faire concorder l'éducation de l'école et celle
de la famille, et déjà toutes ces choses faisaient
une telle impression sur Pestalozzi, qu'une année
avant sa mort, il se rappelait encore avec délices
ces premières années de sa vie.

. Dans ces courtes visites qui se renouvelaient
chaque année, il aimait à se mêler aux paysans,
il allait chez eux, dans leurs écuries, dans leurs
champs, il les regardait travailler, et souvent il
les aidait dans leurs occupations; il se montrait
compatissant et généreux pour tout ce qui souffrait, et plus d'une fois on le vit se priver de
son déjeuner pour le donner à quelque pauvre
mendiant.

Cette sympathie pour les souffrances de ses
semblables, sa bonté, sa complaisance, son
abandon, rendirent Pestalozzi l'objet d'une affection générale parmi ses condisciples, lorsqu'il fut contraint, bien à contre-cœur, de quitter
sa mère pour aller chaque jour recevoir des leçons dans les petites écoles de sa ville natale.
On le voyait rarement se mêler aux jeux de ses
camarades qu'il troublait d'ailleurs par sa gau-
cherie et sa maladresse; il préférait se retirer
dans quelque coin pour rêver plus à son aise.

Cette réclusion volontaire n'était pas la conséquence d'un de ces caractères moroses, chagrins ou égoïstes qui, incapables de sentir le
bonheur par eux-mêmes, voient celui des autres
avec un sentiment de haine; loin de là, il était
franc et loyal, et quoiqu'il fût très-souvent l'objet des railleries et des sobriquets de ses camarades qui se moquaient de son peu de soin et de
ses manières tout à fait excentriques, il se montrait en toute circonstance très-empressé à leur
être utile, lors même qu'en leur rendant service
il pouvait courir quelque danger personnel.

Malgré sa timidité, malgré sa disposition d'esprit très-douce et presque féminine, il donna de
très-bonne heure des preuves d'un courageux
dévouement; c'est ainsi que, en 1756, lors du
tremblement de terre qui produisit l'affreux désastre de Lisbonne, et qui se fit ressentir dans
presque toute la Suisse, les secousses furent si
vives à Zurich que les maîtres et les élèves
s'enfuirent en désordre de la maison d'école
où ils étaient réunis et qui avait été fortement
ébranlée. Dès que la panique générale fut passée, personne n'osait plus rentrer dans le bâtiment pour aller chercher les objets que la
crainte du danger avait forcé d'abandonner;

alors Pestalozzi se chargea de cette mission périlleuse, et le sang-froid, le dévouement dont il
fit preuve dans cette circonstance, firent une
profonde impression sur ceux qui en furent
témoins.

Quand il était en classe, il se montrait indifférent, étourdi et très-distrait; la routine suivie
dans l'enseignement n'était pas de nature à l'arracher aux rêveries dans lesquelles l'entraînait
son imagination active. Cependant dès qu'on
présentait à son esprit quelque chose de juste
et de clair, il le saisissait d'une manière très-
vive, et sa pénétration lui faisait découvrir ce
qu'on ne lui avait pas enseigné; mais s'il était
l'un des meilleurs écoliers de sa classe là où il
fallait de l'imagination, il était incapable de
s'appliquer à tout ce qui était sujet à des règles
fixes; il écrivait d'une manière si illisible, il faisait des fautes d'orthographe si grossières, que
son maître lui prédit qu'il ne ferait jamais rien
de bien.

Avec de pareilles dispositions, avec le caractère que nous lui connaissons, on ne pouvait
guère s'attendre à voir Pestalozzi montrer un
goût décidé, une prédilection marquée pour
l'étude tant qu'il serait retenu à l'école sous le

joug d'une rigoureuse discipline et d'un enseignement sans intérêt ; mais dès qu'il fut arrivé
à l'âge où, selon la coutume de sa ville natale, il
dut quitter les petites écoles pour entrer dans
les écoles supérieures, on le vit se livrer avec
ardeur et succès à l'étude des langues anciennes
qui étaient alors, comme elles le sont encore
aujourd'hui, la condition indispensable pour
embrasser utilement une carrière libérale.

L'éducation qu'il reçut dans ces hautes écoles
ne contribua pas peu à donner à son caractère
cette *énergie* qui devait lui causer plus d'un dés-
appointement dans le long cours de sa carrière
philanthropique. Il étudiait au collége d'huma-
manités, où il suivait les leçons de Bodmer,
de Breitinger et de Steinbruchel, qui à cette
époque exaltaient l'imagination de leurs élèves
en leur prêchant les principes de liberté et d'é-
galité, en stimulant leur patriotisme, en les in-
vitant à faire tous les sacrifices personnels à la
cause du pays ; et leurs paroles avaient une si
grande influence sur toute cette jeunesse ardente, qu'elle sentait, qu'elle pensait comme
aurait pu sentir et penser la jeunesse romaine.

Pestalozzi et quelques-uns de ses amis poussaient l'application de ces principes jusqu'à une

folle exagération : pour s'endurcir le corps, pour
s'habituer à une abnégation complète, ils cou-
chaient à terre, sans autre couverture que leurs
vêtements, sans autre oreiller que des pierres,
sans autre nourriture que des herbes et des
feuilles ; mais bientôt l'un d'entre eux ne put
pas supporter un pareil genre de vie ; et sa
mort vint enfin ouvrir les yeux de ses compa-
gnons sur la folie de leur conduite.

Il s'était aussi développé de bonne heure dans
l'âme de Pestalozzi un amour inébranlable pour
la justice et la vérité, et tout ce qui froissait ce
sentiment excitait aussitôt en lui le désir de réformer les abus, de combattre l'oppression ; il
n'avait pas quatorze ans, qu'il manifestait déjà
hautement le désir de résister au joug que la ville
de Zurich voulait faire peser sur les habitants
du canton. Quelques années plus tard, il sortait à son avantage d'une lutte qu'il avait sou-
tenue contre l'injustice d'un de ses professeurs ;
plus tard encore, il signalait à l'autorité la dis-
solution et la licence qui régnaient dans une des
écoles de la ville. La vérité de sa déclaration fut
constatée par une enquête ; mais comme en dé-
couvrant ces plaies et en sollicitant une réforme,
il refusa avec opiniâtreté de compromettre ceux

de ses camarades qui l'avaient mis sur la trace
du mal, il fut obligé, pour échapper à la haine
qu'il avait suscitée contre lui, de se sauver à la
campagne chez son pieux grand-père.

Mais cet échec ne le découragea pas : il y
avait à côté de l'énergie de son âme une espèce
d'élasticité, de persévérance, qui l'excitait à se
relever après chaque chute avec une force nouvelle.

Pendant sa retraite forcée chez son grand-
père, son cœur gémissait chaque jour à la vue
des souffrances des classes pauvres, de l'avilissement et du mépris sous lequel elles étaient
courbées; il entendait de toutes parts répéter
ces paroles qui étaient passées en proverbe :
« Tout le mal vient de la ville, » et quoiqu'il
fût lui-même bourgeois de Zurich, il se promettait, lorsqu'il serait devenu grand, de seconder de tout son pouvoir les efforts des paysans
pour les aider à reconquérir leurs droits mé-
connus et pour les ramener à la jouissance paisible du bien-être dont les empiétements de
l'aristocratie de sa ville natale les avaient si injustement privés.

« Dès mon enfance, dit-il, l'un des traits
particuliers de mon caractère était d'être af-

fable, bon et bienveillant, et de m'abandonner aux hommes qui m'entouraient avec une
confiance illimitée ; et comme les circonstances malheureuses me firent connaître de
bonne heure dans mes propres habitations les
souffrances que peuvent éprouver une veuve
et des orphelins, et que je vis, dans mon
âge d'innocence, l'abandon et l'oppression
des classes pauvres, il s'éleva nécessairement
en moi une sympathie profonde pour leur position. Je fus bientôt saisi d'un zèle ardent pour
faire disparaître leur misère, et je recherchais
alors avec la plus grande sollicitude, comme il
appartenait à un élève des Bodmer et des Breitinger et à un contemporain des Iselin, des
Tchiffeli, etc., etc., quelles étaient les causes
des maux qui abaissaient le peuple de ma patrie
bien au-dessous de ce qu'il devait et ce qu'il
pouvait être. »

Tous ces actes de la jeunesse de Pestalozzi
devaient exercer une grande influence sur lui,
lorsqu'il fut arrivé à un âge où, après avoir
terminé ses études classiques, il dut faire le
choix d'une carrière. Sa famille le destinait au
Ministère, comme le moyen le plus direct pour
un jeune homme de bonne maison d'obtenir

une situation respectable dans la société. L'amour profond qui embrasait son cœur, la piété droite et sincère qu'il avait puisée dans les leçons, dans les exemples de sa mère et de son grand-père, la candide simplicité de son âme, le portèrent à suivre les vues de ses parents, et à dix-huit ans il commença ses études de théologie.

Cette carrière semblait devoir permettre à Pestalozzi de se livrer aux nobles aspirations de son âme ; son amour fort et sincère de la justice, sa tendre sympathie pour ceux qui étaient faibles ou qui souffraient, devaient le rendre éminemment propre à prêcher l'Évangile aux humbles, à raffermir les cœurs brisés, à instruire les ignorants, à consoler les affligés. Mais dès qu'il dut monter en chaire, dès qu'il essaya de prononcer son premier sermon, il se sentit intimidé ; les sources d'inspiration dont il donna tant de preuves par la suite semblèrent taries en lui, la mémoire même parut l'abandonner, et le mauvais succès de cette première prédication dans laquelle il s'était écarté de toutes les formes habituelles, lui fit comprendre qu'il devait renoncer à une carrière qui n'offrait pas d'ailleurs un théâtre assez vaste à la grande activité de son esprit.

Ce n'était pas en effet dans les limites d'une
commune, et sous la dépendance despotique
des autorités ecclésiastiques que Pestalozzi aurait pu réaliser toutes les vues d'amélioration
qu'il se proposait. C'était en faveur du peuple
entier qu'il voulait rétablir les sentiments de vérité et de justice ; et comme il lui semblait qu'il
ne manquait au bonheur de ses concitoyens
qu'un gouvernement bon et sage, il voulait
pouvoir porter ses investigations sur les actes
de l'autorité, éclairer le pouvoir et défendre
les intérêts des populations; mais comme, pour
bien remplir cette tâche, pour atteindre complétement ce but, il fallait bien connaître les
lois, en étudier les origines, en scruter les motifs,
il résolut d'étudier le droit. On voit qu'en em-
brassant cette nouvelle carrière, Pestalozzi poursuivait le même but, mais qu'il changeait seulement de route pour l'atteindre.

Il se livra avec ardeur à ses nouveaux travaux;
et non-seulement il étudiait la législation en vigueur, mais encore il lisait les vieilles chroni-
ques, il consultait les anciens titres des libertés
helvétiques, il recueillait des notes pour rédiger une histoire patriotique qui fût pour le peuple
un recueil d'exemples des vertus civiles et do-

mestiques , il étudiait et comparait les législa-
tions anciennes, et le premier ouvrage qu'il fît
imprimer dans cette période fut un essai sur la
Constitution de.Sparte , qui est pour nous un
indice de la direction de son esprit , de la profondeur et de l'érudition qu'il apportait dans
ses recherches.

C'est à la même époque qu'il faut faire re-
monter un travail dans lequel il signalait la
marche funeste du gouvernement et les remèdes
qu'on devait apporter selon lui pour guérir tous
les maux du peuple. Mais il fut devancé dans
sa publication par un de ses amis contre lequel
le grand conseil de Zurich lança un ordre d'ar-
restation. Grâce à l'activité de Pestalozzi, qui le
prévint en temps utile , cet ami parvint à s'é-
chapper ; mais cet acte d'opposition augmenta
encore contre Henri les sentiments de haine
que lui portaient les hommes dont il combattait hautement et hardiment les actes et les tendances.

Pestalozzi ne se bornait pas à étudier et à
écrire ; il employait encore, pour atteindre son
but, tous les moyens qui étaient en son pouvoir.
C'est ainsi que nous le voyons s'associer à son
condisciple et ami, le célèbre Lavater, qui par-

tageait ses convictions généreuses, pour citer
devant le sénat de Zurich l'un de ses membres,
le grand bailli Grebel, qui signalait son administration par les actes les plus révoltants de
concussion et d'injustice. L'opinion publique
s'élevait partout contre lui; mais c'était en vain
qu'elle demandait justice. Ce bailli avait des
liens de parenté avec plusieurs des membres du
gouvernement, et son caractère haut et violent
inspirait une telle crainte que personne n'osait
accuser un homme que sa position semblait
mettre au-dessus des lois. Lavater, Pestalozzi et
quelques-uns de leurs amis l'entreprirent cependant, et ils parvinrent à obtenir la destitution
de ce fonctionnaire infidèle et cupide qui se vit
contraint de quitter le canton, et de dédommager ses victimes des pertes qu'il leur avait fait
éprouver. Quelques autres poursuites dirigées
par Pestalozzi contre plusieurs Pasteurs et contre l'un des chefs des corporations d'ouvriers,
témoignent assez de l'activité qu'il déploya pour
faire redresser les abus partout où il pouvait les
signaler.

Il avait aussi parmi ses amis un jeune légiste
fort instruit, nommé Bluntschli, qui s'était associé à ses travaux et à ses efforts pour combattre

les abus qu'ils remarquaient dans la constitution et la marche du gouvernement de Zurich.
Cette association produisit d'heureux fruits,
non-seulement parce que leurs efforts combinés
obtenaient de meilleurs résultats, mais encore
parce que Bluntschli avait tempéré l'ardeur
passionnée et les inquiétudes qui agitaient Pestalozzi. Tout en admettant avec lui les torts du
gouvernement, tout en partageant ses plans
pour réformer l'Église et l'État, il avait aussi
démontré à notre fougueux patriote que si le
peuple était malheureux, il ne devait s'en prendre qu'à lui-même. N'était-ce pas aux assemblées populaires, en-effet, qu'appartenait le
droit d'élection aux fonctions du gouvernement,
et n'était-ce pas la faute du peuple, si après
avoir prêté le serment de ne porter son choix
que sur des hommes droits et intègres, il trouvait toujours quelque motif pour donner son
suffrage à des hommes qui, au lieu de le protéger, l'opprimaient toujours davantage?

De semblables considérations amenèrent insensiblement Pestalozzi à comprendre que si
l'on voulait soustraire les classes inférieures au
joug de fer qui pesait sur elles, il fallait commencer la réforme par en bas au lieu d'attaquer

les abus par en haut ; il entrevoyait que la source
de la pauvreté et de la misère du peuple prove-
nait surtout de la négligence qu'on apportait
au développement de ses facultés morales et
intellectuelles. Une nouvelle lumière luisait à
ses yeux. Bluntschli lui avait révélé le moyen
d'atteindre sûrement le but qu'il poursuivait
avec tant d'ardeur et de persévérance ; ce qu'il
n'avait pu faire comme Pasteur, comme Légiste,
comme Publiciste, il pouvait le faire comme
Maître d'école, et sans le savoir, il devenait l'instrument de cette belle idée de Leibnitz : « J'ai
« toujours pensé que l'on réformerait le genre
« humain si l'on réformait l'éducation de la
« jeunesse. »

Malheureusement pour Pestalozzi, Bluntschli
ne pouvait pas le seconder dans cette belle entreprise ; il était atteint d'une maladie de poitrine qui le consumait lentement. Lorsqu'il se
sentit près de sa fin, il fit venir Pestalozzi près
de lui. — Henri, lui dit-il, je meurs en te laissant abandonné à toi-même ; je te conseille de
ne te jeter dans aucune carrière qui pourrait
devenir périlleuse à cause de ta confiance et de
ta bonhomie. Embrasse une profession calme
et tranquille, et ne te laisse en aucune manière

entraîner à la moindre entreprise sans avoir à
tes côtés un homme sage, sûr et fidèle, connais-
sant les hommes et les choses. Sans cette pré-
caution, tu serais conduit trop loin, et cela
pourrait devenir dangereux pour toi. Bluntschli
mourut après lui avoir donné ce conseil pro-
phétique, qu'il oublia sans doute, car ce ne fut
que cinquante ans plus tard, lorsque ses cheveux avaient blanchi à la suite de bien des revers de fortune, que Pestalozzi trouva dans
Schmid cet homme qui l'aurait sans doute
sauvé de bien des malheurs, s'il l'avait connu
plus tôt.

La mort de Bluntschli causa une profonde
douleur à Henri, mais elle n'arrêta pas l'essor de
son âme ; et, convaincu désormais qu'un changement de régime ne suffirait pas pour rendre
le bonheur au peuple, il songea sérieusement
aux moyens de réformer son éducation, afin de
lui permettre de bien accomplir ses devoirs, et
de le rendre digne de jouir de ses droits.

Il était sous l'impression de cette pensée,
lorsque l'Émile de Rousseau tomba entre ses
mains. Cette lecture était bien propre à entretenir ses rêves enthousiastes, à le fortifier dans sa
conviction et à détruire tous les doutes qu'il au-

rait pu concevoir sur la justesse de ses vues ;
mais s'il était d'accord avec le philosophe de
Genève sur la nécessité de réformer l'éducation
du peuple, de lui donner des enseignements
plus simples et plus naturels, il cherchait en
vain dans son ouvrage les moyens pratiques d'y
parvenir. Et comme il n'aurait pu trouver un
nombre de précepteurs égal à celui des enfants
qu'il fallait instruire, il se fatigua l'esprit à chercher par quelle route il pourrait arriver plus
sûrement à son but. Sa constitution délicate,
altérée par une application excessive, par le
manque d'exercice, par la privation de sommeil, ne lui permit pas de supporter de semblables fatigues, et une grave maladie vint interrompre ses ardentes recherches.

Si le mal l'empêchait de lire, il ne pouvait
pas arrêter le cours de ses pensées, et sur son
lit de douleur il dressait des plans d'éducation
propres à la réalisation de ses projets, afin de
prévenir les maux sans nombre qu'il entrevoyait
dans un avenir peu éloigné. La force de son
âme et l'énergie physique de la jeunesse résis-
tèrent à la maladie ; mais dès qu'il fut rétabli,
il prit la résolution de faire par lui-même des
expériences, afin de trouver les moyens les plus

pratiques, les plus simples, les plus naturels d'améliorer l'homme par l'éducation.

Le premier résultat de cette détermination fut, qu'immédiatement après sa convalescence, il jeta au feu tous ses papiers, tous ses écrits sur la législation, l'histoire et la politique. Dégoûté des systèmes philosophiques, il ne voulait plus consulter aucun livre : dans ses nouvelles tentatives, il ne voulait d'autre maître que la nature. Il voulait mettre de côté toutes les considérations humaines, reprendre toutes les questions à leur point de départ, les étudier sans parti pris d'avance, et sans esprit de système ; il voulait rechercher, en un mot, quelle devait être la marche tracée par la providence elle-même pour l'éducation de l'espèce humaine.

Ce n'est pas ici le lieu d'exposer tout ce qu'il fit pour parvenir à ce but [1], mais nous pouvons dire que le plan auquel il s'arrêta ne se bornait pas uniquement à faire pénétrer des moyens d'enseignement améliorés et simplifiés dans le logis du pauvre ; il ne voulait pas seulement exercer par ce moyen une heureuse influence morale sur le bonheur domestique du peuple, il voulait

1. Voyez le 2e volume de ce Mémoire.

4

encore lui donner la possibilité d'améliorer sa
position matérielle en lui fournissant les moyens
d'augmenter ses faibles gains ; il espérait que la
réunion d'un enseignement moral et d'un travail pratique améliorés agirait puissamment sur
le sort des classes laborieuses, et qu'il parvien-
drait ainsi plus facilement à la régénération sociale qui était l'objet de ses rêves.

Pour atteindre ce double but, il résolut d'a-
bord de s'adresser aux enfants des campagnes,
parce qu'ils formaient la presque totalité de la
population, et parce qu'ils manquaient bien
plus que ceux des villes de bons moyens d'enseignement ; d'ailleurs, en s'adressant à eux, ses
expériences sur le naturel de l'enfant devaient
être bien plus sérieuses, bien moins contrariées
qu'elles auraient pu l'être s'il les avait faites
sur les enfants des villes. Il pouvait en outre
bien plus facilement trouver une occupation
uniforme et utile pour ses élèves en les livrant
aux travaux de l'agriculture qui sont les seuls
auxquels la nature semble avoir destiné la race
humaine.

Si Pestalozzi avait dû se borner à l'exécution
de la première partie de son plan, s'il n'avait
eu d'autre but que de vivre avec ses élèves

comme un bon père qui n'a d'autre intention
que de saisir et de diriger leurs penchants, que
de les habituer à l'ordre et au travail en développant leurs facultés intelléctuelles et morales,
il aurait pu avec son cœur et son esprit se
mettre immédiatement à l'œuvre, mais il n'a-
vait aucune connaissance spéciale de l'agriculture ; élevé presque constamment à la ville,
absorbé par ses études d'une nature toute différente, il lui aurait été impossible de distribuer
un enseignement agricole pratique. Mais cette
nouvelle difficulté ne l'arrêta pas ; la connaissance de l'agriculture était nécessaire à l'accomplissement de ses vues, il résolut d'étudier
l'agriculture.

Il y avait alors à Kirchberg, près de Berne,
un fermier nommé Tchiffeli ; il s'était acquis
une grande réputation en introduisant dans son
domaine la culture de la garance, qui paraissait
devoir être une source de grands produits pour
la Suisse où elle n'avait pas encore été natura-
lisée ; ce fut à lui que Pestalozzi résolut de
s'adresser pour le consulter sur son but, pour
lui demander une direction, et pour faire l'apprentissage des moyens pratiques qu'il avait besoin de connaître.

Le nouveau genre de vie qu'il mena à Kirchberg fut très-favorable au rétablissement de sa
santé, au calme de son âme. La vie active et en
plein air avait remplacé la vie sédentaire du
cabinet. Sa candide simplicité.se trouvait plus
à l'aise dans ce contact de la nature et des
hommes naïfs qui l'entouraient; à mesure qu'il
se rapprochait davantage des mœurs patriarcales
de ces honnêtes cultivateurs, il retrouvait cette
innocente tranquillité, cette sécurité de sensations qui avaient caractérisé son enfance et
qu'il avait senti diminuer en lui à mesure qu'il
s'était trouvé plus enveloppé dans les ressorts
compliqués de l'organisation sociale, et cette
expérience personnelle le confirmait encore
davantage dans la pensée que l'emploi du travail agricole devait entrer pour beaucoup dans
l'exécution de ses plans d'amélioration.

Après un séjour d'un an chez Tchiffeli, Pestalozzi crut avoir acquis la capacité nécessaire
pour diriger lui-même un établissement agricole; et comme il avait besoin d'un emplace-
ment à la campagne pour commencer ses essais, il employa le petit patrimoine que son
père lui avait laissé, et qui pouvait s'élever à
25,000 francs environ, à acquérir à bas prix sur

le territoire de Birrfeld, dans une contrée éloignée de toute habitation humaine, environ 200
arpents de terre en friche qui dépendaient du
couvent de Kœnigsfeld et qui depuis longtemps
servaient de pâturages. Il commença à s'y faire
construire une habitation à laquelle il donna le
nom allemand de Neuhof, qui signifie Nouvelle-
Ferme.

Il avait alors vingt-deux ans, et avec toute
l'énergie, toutes les espérances de cet âge, il se
livra à la culture de sa propriété, qui avait besoin de plusieurs années d'un travail opiniâtre
pour être mise en état de rapport; il eut même
besoin de s'associer à une riche maison de Zurich pour l'exploitation de ce domaine, où il in-
troduisit la culture de la garance.

Ce fut pendant qu'il se livrait à ces travaux
agricoles qu'il devint amoureux de la sœur d'un
de ses amis, fille d'un riche marchand de Zurich, nommé Schultess. Anna était belle, elle
avait de la fortune; Pestalozzi n'avait que des
espérances bien vagues, fondées sur la réussite
de Neuhof; son extérieur n'avait rien d'attrayant, sa singularité lui avait déjà attiré le
dédain et les railleries de ses concitoyens; un
mariage semblait donc impossible. Cependant la

4.

bonté de ses inclinations, l'excellence de son caractère, avaient frappé le cœur noble de la jeune
fille; elle aimait ce zèle chaleureux pour la cause
de l'humanité dont il avait déjà donné tant de
preuves, elle aurait été heureuse de partager les
affections et la destinée d'un homme dont elle
approuvait si complétement les plans.

Cette union rencontrait des obstacles, et Pestalozzi n'osait se présenter devant Anna que
lorsque des affaires l'appelaient dans la maison
de son père; mais s'il ne pouvait la voir que
rarement, il pouvait du moins lui écrire, et dans
une longue lettre qui nous est restée de cette
époque, on peut s'assurer que cette correspondance était surtout destinée à le faire connaître
tel qu'il était, et à exposer avec une entière
franchise les plans d'avenir auxquels il désirait
l'associer.

« Je dois vous avouer encore franchement, »
lui écrivait-il, « que je mettrai mes devoirs
de citoyen au-dessus de ceux d'époux, et que
les larmes de ma femme ne pourront jamais
m'empêcher d'accomplir ce que ma patrie
pourra exiger de moi; tout mon cœur lui appar-
tient, et aucune crainte des hommes ne m'empê-
chera de parler, si cela est nécessaire à son salut.

« A l'exception de ce devoir que je mets en
première ligne, aucune autre circonstance ne
pourra me détourner de l'amour et de l'affection d'un bon époux. Permettez-moi d'ajouter
que ma vie ne s'écoulera pas sans entreprises
importantes et délicates, et que je tenterai tout
pour diminuer et rendre supportables les misères et les besoins du peuple. Je crois qu'il est
de mon devoir de vous faire remarquer à quels
dangers vous seriez exposée si je n'étais pas
assez heureux pour réussir... »

« Je viens, » continue-t-il, « de vous parler
avec franchise et de mon caractère et de mes
vues; réfléchissez à tout : si les traits caracté-
ristiques qu'il était de mon devoir de vous pein-
dre diminuent votre estime pour moi, vous n'en
estimerez pas moins ma sincérité et vous ne
trouverez pas sans quelque noblesse le sentiment qui me porte à ne point abuser de votre
ignorance de mon caractère et de mes défauts
pour parvenir à la réalisation de mes vœux les
plus chers. Décidez maintenant si vous pouvez
donner votre cœur à un homme qui a de tels
défauts, qui est placé dans une telle position,
décidez si vous trouverez votre bonheur en vous
unissant à lui. »

Cette perspective n'effraya pas la jeune fille;
elle se montra décidée à contracter ce mariage;
elle parvint à neutraliser les difficultés, et le
24 janvier 1769 elle devenait l'épouse de Pestalozzi.

CHAPITRE II.

NEUHOF.

Asile pour les pauvres.

Aussitôt après son.mariage, Pestalozzi alla
s'établir avec sa jeune épouse à Neuhof où tout
lui présageait un heureux avenir. Les premiers
résultats furent en effet très-satisfaisants, mais
bientôt le plus grand désordre se manifesta dans
son administration. Au lieu de lui construire
une maison convenable pour ses buts, son ar-
chitecte jeta les fondations d'une habitation
grandiose dans le genre italien, dont les co-
lonnes attiraient le sourire de ses voisins; d'un
autre côté, il procédait avec tant d'irréflexion
dans son exploitation, il savait si peu s'occuper
des questions de détail, il dédaignait tellement
de compter, il était tellement imprévoyant,

aveugle et confiant, que les personnes qu'il avait
placées à la tête de cette entreprise abusèrent
de sa faiblesse et compromirent bientôt ses intérêts. L'attention de ses associés de Zurich fut
éveillée; ils envoyèrent à Neuhof des experts
chargés de prendre connaissance de sa gestion,
et le résultat de leur enquête fut tel qu'ils s'empressèrent de retirer leurs fonds et d'abandonner Pestalozzi à ses propres ressources.

Celui-ci ne se laissa pas abattre, et là où il ne
pouvait pas, faute de capitaux assez considérables, continuer la culture de la garance, il résolut d'établir une laiterie. Ses champs furent
couverts de luzerne; mais ce fut en vain qu'il
compta sur cette ressource, cette seconde tentative fut encore infructueuse, et il comprit
bientôt qu'il fallait aussi renoncer à cette nouvelle exploitation.

Pendant tous ses essais agricoles, Pestalozzi
n'abandonnait pas ses premiers ·projets; au
contraire, son contact journalier avec les classes
pauvres lui avait fait toucher au doigt l'état de
misère intellectuelle et morale dans lequel elles
étaient plongées, et il gémissait du désordre et
de la misère qui en étaient la conséquence. Il
voyait la mendicité faire de rapides progrès, et

son âme s'émut d'une pitié profonde; et pendant que les gouvernements de la Suisse, pendant que les hommes chargés de la direction morale de la nation étaient ensevelis dans une profonde léthargie, Pestalozzi, qui vivait au milieu du peuple, qui voyait la dégradation dans laquelle il descendait rapidement, Pestalozzi cherchait quels étaient les moyens d'arrêter le torrent et il s'affermissait de plus en plus dans la conviction qu'on ne pouvait prévenir le mal et l'empêcher de s'accroître que par une réforme de l'éducation populaire pour laquelle on ne montrait partout qu'une déplorable et criminelle insouciance.

Il avait en effet cherché à trouver des remèdes dans les mesures prises par les gouvernements aristocratiques de la Suisse pour tarir les souffrances du peuple. Tous, ils admettaient la mendicité et le vice comme des maux nécessaires, et loin de les combattre, ils se bornaient à les ramener aux bornes et aux formes d'un système régulier, en fondant des institutions qui, loin de diminuer ces misères, leur donnaient au contraire de nouveaux aliments et les provoquaient tous les jours davantage.

Pestalozzi ne fondait pas de plus grandes es-

pérances sur les progrès de l'industrie et de
l'accroissement des richesses nationales pour
améliorer la condition des classes pauvres. Il
aurait fallu qu'il fermât les yeux pour ne pas
voir qu'à aucune époque précédente, l'industrie,
les richesses de la Suisse ne s'étaient élevées à
un aussi haut degré de prospérité, que jamais
ses ressources ne s'étaient aussi considérablement augmentées; et cependant on ne pouvait
se dissimuler que, loin de montrer aucun symp-
tôme de perfectionnement, les masses étaient
tombées et tombaient chaque jour davantage
dans un état plus profond d'immoralité.

Si d'un autre côté Pestalozzi tournait ses regards vers les classes de la campagne, il recon-
naissait avec joie que malgré l'état de servilité
auquel l'agriculture était soumise par suite du
système féodal qui régnait encore en Suisse
dans toute sa simplicité primitive, l'état moral
de cette portion nombreuse de la population
était plus satisfaisant que celui de la classe ou-
vrière; mais son cœur généreux se révoltait à
la vue de la triste condition à laquelle elle était
réduite : « Ma compassion, dit-il, s'éleva jus-
« qu'à une sérieuse indignation lorsque je vis le
« pouvoir injuste et malveillant qui écrasait un si

« grand nombre de mes frères, et qui les tenait
« dans un tel état d'avilissement que leur posi-
« tion ressemblait plutôt à celle du bœuf devant
« la charrue, à celle du cheval sous la selle, à
« celle du chien devant la porte de la maison,
« qu'à celle de l'homme en qui Dieu a mis la
« dignité, la force et la noblesse, et qu'il a
« doué de la faculté de trouver en lui tous les
« moyens de s'aider lui-même. »

Aussi n'était-ce pas d'un changement de circonstances extérieures que Pestalozzi attendait
une amélioration de la condition morale de ses
concitoyens; il était persuadé que ce remède seul
eût été inefficace; il comprenait que l'amélioration des basses classes demandait une excitation
intérieure pour s'éveiller dans leur sein, que
nulle correction ne pourrait les rendre bonnes,
qu'aucun soutien ne pourrait les rendre heureuses à moins qu'il n'y eût en elles une volonté
intérieure d'être bonnes et heureuses; il comprenait chaque jour davantage que cette volonté
même ne pourrait être d'aucune utilité pour
l'homme s'il n'avait pas en lui le pouvoir de se
relever, par un travail intelligent, de la basse
condition dans laquelle il était plongé.

Aussi, dès que la retraite de ses associés le

5

laissa libre de suivre l'impulsion de son cœur,
d'accord avec sa noble épouse qui partageait
toutes ses généreuses convictions, Pestalozzi
ouvrit, en 1775, dans son domaine de Neuhof,
cette école de Pauvres et d'Orphelins qui fut
son premier pas dans une carrière où il devait
acquérir une si grande illustration.

En faisant cette expérience, Pestalozzi ne
bornait pas ses vues à la fondation isolée d'un
simple établissement de charité privée, il voulait plus; il voulait effectuer une réforme dans
l'éducation populaire de la Suisse, et comme il
savait qu'il appellerait difficilement l'attention
des nombreux gouvernements de ce pays sur
un objet si important, il voulait mettre en évidence aux yeux de toute la population, non pas
comment l'État peut pourvoir aux besoins des
pauvres et les améliorer, mais bien comment on
pouvait rendre ces classes capables d'atteindre
elles-mêmes ce double but; il voulait en outre
établir en fait qu'en prenant le mal à sa racine
on trouvait sous sa main un remède fort aisé et
infaillible, et il désirait présenter à l'appui de
ses arguments un établissement tout fondé qui
ne permît à personne de le contredire, de le
confondre ou de lui résister.

• Ce fut autant pour satisfaire au vœu de son cœur que pour renchérir sur les résultats qu'il espérait obtenir, et pour éloigner toutes les influences qui auraient pu contrarier ses vues et ses plans, que Pestalozzi choisit les objets de ses soins parmi les classes les plus misérables; il ouvrit sa maison aux enfants abandonnés, aux mendiants, aux vagabonds, qu'il recueillait sur les grandes routes, et bientôt il se vit entouré d'une cinquantaine de jeunes enfants dont il devint le père, l'instituteur et l'appui.

Dès qu'il eut échangé les haillons de ces malheureux contre des vêtements propres et chauds, Pestalozzi leur confia divers travaux, soit dans les champs quand le beau temps le permettait, soit dans les bâtiments d'exploitation où il les initiait aux différents emplois de l'économie agricole ou domestique; et comme la rigueur de la saison devait nécessairement interrompre les travaux pendant une grande partie de l'année, il avait fait établir dans les vastes caves de sa résidence inachevée des métiers de tissage qui permettaient à ses enfants de se familiariser avec une industrie qui pouvait leur être par la suite d'une très-grande utilité.

En les occupant à ces divers travaux, Pesta-

lozzi ne remplissait qu'une partie de son plan ;
il voulait encore les instruire et purifier leurs
affections morales qu'il voyait dépravées par les
plus basses inclinations.

C'était pendant les travaux intérieurs que
Pestalozzi s'acquittait de cette partie importante
de sa noble mission ; et comme il pensait qu'il
faut savoir parler avant d'apprendre à lire et à
écrire, il s'entretenait avec ses enfants, les exerçait à penser et à parler ; il leur présentait des
idées claires , et il exigeait que même pour ce
qui concernait leurs travaux habituels ils ne
s'exprimassent que d'une manière juste et cor-
recte ; il leur faisait résoudre de tête des calculs
usuels, et pour cultiver leur mémoire aussi bien
que leur intelligence, il récitait et expliquait
devant eux des passages de la Bible qu'ils devaient plus tard répéter à leur tour.

On peut se figurer combien il fallut à Pestalozzi de patience, de soins et d'efforts pour
dompter dans ces enfants leur caractère sauvage, leur paresse enracinée et tous les vices
que la mendicité entraîne à sa suite ; combien
il dut employer de douceur et de bonté pour
émouvoir leur insensibilité stupide, pour relever des âmes abattues par la misère et les mau-

vàis traitements, et quelle attention extrême,
quels soins il dut apporter pour vaincre la malpropreté la plus dégoûtante, et pour donner de
meilleures habitudes à ce grand nombre d'enfants; mais rien ne put le rebuter pour atteindre
ce résultat, et son abnégation, son dévouement
peuvent se résumer dans ces nobles paroles,
qu'il adressait vingt années plus tard à son ami
Gessner : « Je vécus moi-même comme un mendiant, pour enseigner à des mendiants à vivre
comme des hommes. »

Tous ces efforts furent couronnés de succès ;
la grossièreté, l'immoralité diminuèrent peu à
peu, il parvint à rendre ses disciples propres,
laborieux et rangés, et bientôt il eut le plaisir
de leur voir prendre goût à l'instruction qu'il
leur présentait.

Mais Pestalozzi avait encore à lutter contre
les parents qui tous les dimanches venaient
visiter leurs enfants et encombraient la maison.
Ces mendiants, qui avant que Pestalozzi eût
recueilli leurs fils, ne les considéraient que
comme des instruments propres à leur procurer
des gains plus forts et une vie plus douce, ces
mendiants qui dépensaient au cabaret l'argent
arraché à la commisération publique par leurs

enfants et qui les laissaient périr d'inanition;
ces mendiants, disons-nous, ne trouvaient pas
qu'on eût pour leurs victimes des attentions
suffisantes, et comme rien dans cet asile de
bienfaisance ne leur inspirait de crainte, comme
ils savaient que le bienfaiteur de leurs fils n'avait
aucune force publique à sa disposition, ils l'in-
juriaient et se livraient à tous les excès qu'on
pouvait attendre de leur mauvaise éducation, et
Pestalozzi se trouvait encore heureux lorsque
après avoir pris beaucoup de peine pour ramener ces enfants à la vertu, après avoir rétabli
leur santé délabrée, après leur avoir fourni des
vêtements confortables, ces malheureux parents
ne les lui enlevaient pas la nuit; car dans ce cas
Pestalozzi pouvait à peine compter sur le concours de l'autorité pour les faire ramener dans
son établissement.

Une pareille entreprise finit cependant par
attirer l'attention publique; on en reconnut
l'importance, Pestalozzi publia les diverses considérations qui avaient présidé à sa fondation,
et il provoqua des souscriptions qui le missent
en état de continuer son œuvre; quelques amis
répondirent à son appel, le Bâlois Iselin rendit
un compte très-favorable de cette fondation

dans ses Éphémérides ; il reçut quelques secours de Bâle, de Zurich et de Berne, ce dernier canton lui envoya même des enfants pauvres ; mais cet état de prospérité ne dura pas
longtemps, et l'on put bientôt prévoir que cette
institution philanthropique devait être abandon-
née faute de ressources suffisantes pour la soutenir.

Lorsque Pestalozzi avait fondé son établissement de pauvres, il avait espéré que les dépenses
occasionnées par la présence d'un si grand
nombre d'enfants seraient en grande partie cou-
vertes par leur propre travail ; mais l'expérience
vint lui apprendre que la nécessité d'établir le
matériel d'une manufacture, et la diminution
de récolte occasionnée par une culture in-
férieure du sol absorbaient presque entièrement le montant de ce produit, de sorte que le
poids d'une consommation toujours croissante
épuisait les ressources primitives de l'établissement.

Il se présenta en outre un grand nombre
d'obstacles qui provenaient de la nature même
de l'entreprise et qui concouraient puissamment à en empêcher le succès et à en contrarier
les plans. Le mélange de travail agricole et

manufacturier, l'économie domestique, les opé-
rations commerciales, amenaient une grande
confusion et ne permettaient pas à Pestalozzi
de se rendre bien compte de sa situation financière. Ses pensées naturellement absorbées par
le but moral de son établissement, étaient entièrement dirigées vers la recherche des meilleures méthodes pour communiquer l'enseignement, pour développer les facultés intellectuelles
et les affections du cœur. Cette contemplation
constante détournait son esprit des simples
notions d'affaires, l'empêchait d'acquérir ces
habitudes de stricte attention, de tenue de livres,
de minutieux détails qu'aurait nécessités le
régime économique d'une entreprise aussi compliquée que la sienne (1).

Si à ces causes, qui auraient entraîné la ruine
de tout autre homme que Pestalozzi, on ajoute
celles qui provenaient de sa bonté excessive,
de sa trop facile confiance, de son incapacité

---

1. Il faut lire avec attention, comme nous l'avons fait, les comptes-
rendus moraux et financiers de la colonie agricole de *Mettray*, fondée le 24 juin 1839 par MM. Demetz, de Bretignières et Léon d'Our-
ches, avec le concours et les dons du gouvernement et de nombreux
souscripteurs, pour apprécier à leur juste valeur les difficultés que
dut rencontrer la fondation entreprise dès 1775 par Pestalozzi, avec
ses seules ressources.

administrative ; si l'on réfléchit que toute la
direction reposait sur lui, qu'il devait être successivement fermier, négociant, manufacturier
et instituteur, on comprendra facilement qu'emporté avec un pouvoir irrésistible par l'énergie
de son imagination et même de son génie à la
poursuite de la réalisation de ses grandes pensées, il ne s'arrêtait pas à chaque pas pour son-
der le sol mouvant sur lequel il s'aventurait.

Ajoutons encore que la perspective d'une
faillite qui s'était présentée aux yeux de Pestalozzi dès le commencement de cette entreprise
et qui devenait chaque année plus imminente,
plus certaine, le privait de cette sérénité, de
ce calme qui étaient si essentiellement nécessaires non-seulement pour le succès financier,
mais aussi pour le succès moral de son établissement.

Une telle situation ne pouvait durer longtemps. Malgré ses mœurs simples, malgré la
vie frugale qu'il avait introduite dans sa colonie
et dont il donnait lui-même l'exemple, Pestalozzi perdit presque toute sa fortune, après
avoir englouti dans ses expériences toute celle
de sa femme. Il fut enfin contraint, bien contre
son gré, à renoncer à ses projets bienfaisants

à cesser une expérience qui demandait d'immenses ressources, et une main plus ferme que la sienne pour obtenir un véritable succès.

CHAPITRE III.

———

NEUHOF.

Pestalozzi écrivain.

Après la chute de son institution de pauvres, nous trouvons Pestalozzi dans la position la plus affreuse. Cette maison, qui avait été pour lui un lieu d'amour et de charité, était devenue un séjour d'anxiété et de chagrin. Sa femme, qui avait généreusement sacrifié toute sa fortune pour l'exécution de ses plans, était atteinte d'une maladie longue et douloureuse, et il n'avait pas de bois pour la réchauffer, et il manquait de pain pour la nourrir, elle et son unique fils. Pressé par des créanciers, il était réduit à une économie qui à chaque instant lui rappelait des souvenirs pénibles, et qui lui offrait la plus inquiétante perspective.

D'un autre côté, la fermeture de son asile pour les pauvres le mit en butte aux sarcasmes de ces hommes nombreux, qui sont toujours prêts à railler le dévouement et à flétrir du nom d'exaltation et de folie les grandes idées que le génie conçoit, ou que l'humanité inspire. Ses ennemis l'humiliaient, les puissants l'insultaient, le vulgaire le traitait avec dérision, le plus grand nombre de ceux qu'il avait obligés lui témoignaient, sinon de l'ingratitude, au moins l'indifférence la plus complète; ses amis même l'accablaient d'avis mortifiants, ou bien ils évitaient de le voir, soit parce qu'ils ne pouvaient pas lui venir en aide, soit parce qu'ils étaient convaincus qu'il devait inévitablement terminer son existence dans un hôpital ou dans une maison de fous.

Malgré ce dénuement complet, malgré le découragement dans lequel il était tombé, Pestalozzi éprouvait encore quelques instants de bonheur lorsqu'il songeait qu'il avait sauvé plus d'une centaine d'enfants d'une perte presque certaine, en les enlevant aux influences corruptrices dont ils auraient été les victimes. Et quand il se rappelait qu'il les avait reçus couverts de lambeaux, d'infirmités et de vermine,

qu'ils étaient dégradés, sans énergie et hors
d'état d'employer les forces qu'ils avaient reçues de la nature, il éprouvait une profohde satisfaction intérieure d'avoir servi de père à ces
infortunés, de leur avoir donné des vêtements,
d'avoir fortifié leurs membres, relevé leur courage ; de les avoir soustraits, en un mot, à la
misère, au vice et à l'opprobre, en leur fournissant les moyens de gagner leur vie, d'augmenter le nombre des citoyens utiles, et ce
souvenir lui faisait oublier que cette noble
entreprise l'avait plongé dans les plus grands
embarras.

Malheureusement l'affreuse réalité le réveillait
de ses rêves et lui rappelait la nécessité de travailler pour vivre. Quelques amis qui lui étaient
restés fidèles, et qui le soutenaient de leur
bourse et de leurs avis, lui conseillaient de renoncer à toute spéculation agricole, commer-
ciale ou industrielle, de louer les biens qu'il
n'avait pas encore achevé de payer, de céder sa
ferme, de revenir à l'étude des belles-lettres
qu'il avait cultivées dans sa jeunesse avec tant
de zèle et de succès, de se mettre au courant de
la littérature la plus nouvelle, et d'écrire des
livres. Une circonstance heureuse qui se pré-

6

senta à cette époque permit à Pestalozzi de recourir à ce moyen pour sortir de sa profonde
misère.

On cherchait à organiser à Zurich un service
de gardes pour les portes de la ville et pour la
maison du Conseil. Cette circonstance agitait
l'opinion publique, et Pestalozzi, qui désapprouvait ce projet, conçut la pensée de rédiger, sur
cette mesure, une espèce de pamphlet plein
d'ironie, qu'il envoya à son ami Fussli, libraire
à Zurich. Ce travail se trouvait sur la table de
ce dernier, lorsque son frère (Fussli le peintre)
prit par hasard le manuscrit, en parcourut quelques passages qui éveillèrent son attention, de
telle sorte qu'après l'avoir lu et relu en entier,
il s'informa du nom de l'auteur. Et comme
Fussli, le libraire, lui nomma Pestalozzi, et qu'il
lui dépeignit la triste position dans laquelle ce
dernier se trouvait plongé, le peintre s'écria que
l'auteur de ce pamphlet n'avait besoin d'aucun
secours; que son talent d'écrivain devait lui
procurer d'abondantes ressources, s'il voulait
se livrer entièrement à cette occupation. Plein
de joie, Fussli fait venir Pestalozzi auprès de
lui, lui fait connaître l'opinion de son frère, qui
était juge très-compétent sur cette matière, et

insista beaucoup pour qu'il se mît promptement à l'œuvre.

Pestalozzi répugnait à suivre ce conseil, parce
qu'il se croyait complétement incapable de devenir homme de lettres. En effet, depuis qu'il
avait terminé ses études, et qu'il s'était livré à
des travaux agricoles et à la réalisation de ses
nobles projets, il n'avait pas ouvert un livre, il
n'avait rien écrit qui eût quelque portée littéraire ; mais la faim le pressait, il était disposé à
tout entreprendre pour sauver sa femme et son
petit Jacobi de l'affreuse détresse dans laquelle
ils étaient plongés. En rentrant chez lui, il se
mit à lire et à relire les Contes moraux de Mar-
montel, en se demandant s'il pourrait faire quelque chose de semblable. Il se convainquit que
cela n'était pas tout à fait impossible, et il essaya cinq ou six petits contes parmi lesquels se
trouve son premier livre populaire qu'il intitula
Léonard et Gertrude.

Dès qu'il l'eut terminé, il porta cet essai à un
ami de Lavater qui était aussi le sien ; celui-ci
le trouva plein d'intérêt, mais il lui dit qu'on ne
pouvait pas imprimer ce livre dans l'état où il
était ; qu'il était écrit d'une manière tout à fait
incorrecte, et que sa forme n'était pas assez lit-

téraire. Il lui offrit de le faire revoir par un homme habitué à écrire, et très-capable de faire disparaître toutes les fautes que contenait son manuscrit. Pestalozzi, candide comme un enfant, accepta cette offre avec reconnaissance, et lui confia aussitôt les trois ou quatre premières feuilles de son livre pour les soumettre à la révision.

Mais quel fut son étonnement, lorsque ces feuilles lui revinrent, et qu'il s'aperçut qu'on avait revêtu ses idées d'une forme entièrement théologique; qu'on faisait parler à ses paysans le langage pédantesque d'un mauvais cuistre de village; qu'on avait complétement supprimé cette peinture naturelle de la vie du peuple; qu'on avait, en un mot, privé son travail de son caractère original. Il fut désolé, et dans son embarras, il courut à Bâle consulter Iselin, qui lui avait toujours témoigné le plus vif intérêt. Il lui lut quelques passages de son livre. Iselin trouva qu'il était parfaitement pensé; il saisit la portée philosophique de cet ouvrage, il lui promit qu'il aurait un très-grand succès, et il se chargea de corriger les fautes de langage qu'il renfermait. Il fit plus, il écrivit à Becker, libraire à Berlin, pour l'engager à se charger de

la publication de ce livre populaire. La réponse
de celui-ci fut favorable ; il offrit à Pestalozzi
un louis d'or pour chaque feuille, et lui assura
le même honoraire dans le cas d'une seconde
édition. Pestalozzi, qui ne s'attendait pas à tant
de succès, sauta de joie à cette nouvelle : « Un
« louis d'or par feuille, s'écria-t-il, c'est une
« somme considérable pour ma position, c'est
« très-considérable ! »

C'était, en effet, un grand soulagement à sa
misère, car il était si malheureux à cette époque, que faute de pouvoir acheter du papier, il
avait écrit son livre sur les marges et dans les
interlighes d'un ancien registre de comptes !

Cet ouvrage que Pestalozzi écrivit en quelques semaines, et qui coula de sa plume sans
qu'il sût comment et sans aucun plan tracé à
l'avance, ce livre, disons-nous, nous montre que
si Pestalozzi avait dû renoncer à ses essais pratiques pour améliorer le sort des classes les
moins bien partagées par le sort et par la société, il ne se laissa pas plus égarer par l'échec
qu'il venait d'éprouver, qu'il ne fut découragé
par les moqueries des froids apôtres de l'é-
goïsme ; on voit par cet écrit que, profondément
convaincu de la justesse de ses vues, il ne leur

fut pas un seul instant infidèle, et que ne pouvant plus les réaliser par la pratique, son premier soin était de les consigner dans ses premiers écrits.

Il serait difficile de donner ici une analyse
bien exacte de ce livre, qui aurait suffi à la réputation de l'auteur, si la réputation avait pu
être le but d'un homme qui s'oubliait constamment pour les classes malheureuses. Bornons-
nous à dire que ce premier volume, qui parut
en 1781 (et qu'il ne faut pas confondre avec la
suite dont nous parlerons plus tard), présentait
au peuple le tableau de ses vices et de ses vertus, des malheurs qu'amènent tôt ou tard les
premiers, et du bonheur paisible qui accompagne le contentement de soi-même; on peut
d'ailleurs juger parfaitement des intentions de
l'auteur par cette partie de la préface qu'il écrivait le 25 février 1781.

« J'ai essayé, dit-il, de présenter au peuple
quelques vérités importantes et de les graver
profondément dans son esprit et dans son cœur.

« J'ai cherché à fonder cette narration et les
instructions qui en découlent sur l'imitation la
plus scrupuleuse de la nature et sur la simple
exposition de ce qui existe partout.

« Dans le cours d'une vie active, j'ai moi-même été témoin de la plus grande partie des faits que je raconte, et je me suis bien gardé d'ajouter ma propre opinion à celle du peuple, ni de rien changer à ce que je lui ai vu faire, à ce que je lui ai entendu dire.

« Maintenant si mes observations sont justes, si je réussis à les présenter d'une manière conforme à mes vues, elles frapperont par leur vérité ceux qui auront journellement les mêmes scènes sous les yeux; mais si elles ne sont que l'ouvrage de mon imagination et de mes propres opinions, il en sera comme de tant de prédications du dimanche, dont il ne reste rien le lundi.

« Je ne prends aucune part aux débats des hommes sur leurs opinions; mais ce qui les rend pieux, bons, intègres et vrais, ce qui porte l'amour de Dieu et du prochain dans leurs cœurs, le bonheur et la bénédiction dans leurs maisons, tout cela, je pense, doit être dans nos cœurs à tous, et ne trouvera point de contradicteurs. »

Pestalozzi, en écrivant *Léonard et Gertrude,* ne voulait pas seulement ouvrir les yeux des basses classes de la société en leur faisant toucher au doigt les maux qui sont les consé-

quences de l'inconduite, il voulait aussi donner
aux riches et aux puissants des enseignements
pour diminuer la misère du peuple. L'opinion
d'un rabbin qu'il rapporte dans la préface de
cet ouvrage montre qu'il avait positivement
cette pensée ; mais si elle n'est qu'indiquée dans
ce premier volume, Pestalozzi parvint à la réaliser dans les volumes suivants par la création
du personnage d'Arner, qui expose et met en
pratique toutes les vues que Pestalozzi croyait
propres à l'accomplissement de ses vues philanthropiques.

On comprend d'après ce que nous venons de
dire qu'un pareil ouvrage dut faire sensation, il
reçut l'approbation de tous les écrivains contemporains ; bientôt tous les almanachs en re-
produisirent de nombreux passages, et la Société économique de Berne écrivit à l'auteur
pour lui témoigner sa reconnaissance ; elle lui
décerna en outre un prix de cinquante ducats et
une médaille d'or de la même valeur, sur l'un
des côtés de laquelle on lisait au milieu d'une
couronne de chêne cette inscription honorable :

Civi optimo bené merenti.

La réputation de Pestalozzi se répandait tel-

lement que chacun voulait le voir. Il était avidement recherché, de grands personnages cul-
tivaient sa connaissance. Le grand-duc de Toscane, le prince Léopold, lui envoya une médaille d'or à son effigie et entretint avec lui une
correspondance active où le prince consultait
l'écrivain sur les moyens qu'il devait employer
pour soulager la misère de son peuple ; le comte
de Hohenwarth, le comte de Rosemberg, qui
occupaient des postes importants dans les cours
de Florence et de Vienne, lui faisaient leurs
offres de services. Charles de Bonstetten voulait
qu'il se fixât dans le canton de Vaud ; le ministre des finances d'Autriche, le comte de
Zizendorf, et beaucoup d'autres seigneurs de
Vienne lui faisaient des offres séduisantes pour
l'attirer dans leur pays. Le célèbre Basedow,
dont la lecture de *Léonard* avait excité l'admiration et l'enthousiasme, se mit en relations avec
son auteur : il voulut l'attirer dans le *Philan-
tropin*, établissement normal qu'il avait fondé
à Dessau ; mais Pestalozzi lui répondit que si
ses idées étaient cosmopolites, son devoir lui
imposait de les répandre d'abord dans sa patrie.

Pestalozzi sut résister de même à toutes les
autres sollicitations, il ne voulait pas quitter la

Suisse, et cependant, malgré son succès, sa position financière ne s'était guère améliorée : pressé par le besoin, il fut même obligé de vendre la médaille d'or qui lui avait été décernée par la Société échomique de Berne.

Il lui répugnait de gagner sa vie en vendant ses idées philanthropiques et pédagogiques; car il les adressait gratuitement aux Éphémérides d'Iselin, sous le titre de *Soirées d'un Solitaire,* où bien il les publiait lui-même dans un *Journal populaire* qu'il rédigeait à cette époque pour répandre ses doctrines; il dut cependant céder aux instances de ses plus proches connaissances qui, ne considérant *Léonard et Gertrude* que comme un roman, le pressaient de prendre de nouveau la plume.

Ce fut alors (le 17 mars 1782), qu'il fit paraître un nouveau livre populaire sous le titre de *Christophe et Élisabeth.* Mais ce nouvel ouvrage ne descendit pas jusque dans les mains du peuple, parce qu'au lieu d'une action attachante, l'auteur ne mettait dans la bouche de ses interlocuteurs que dès réflexions que leur avait naître la lecture de *Léonard et Gertrude* et des dissertations qui s'adressaient à l'esprit des lecteurs plutôt qu'à leur cœur.

L'accueil peu empressé qu'on fit à cette nouvelle publication lui ouvrit les yeux sur la forme
qu'il convenait d'employer pour faire goûter aux
populations les vérités et les enseignements qu'il
voulait répandre ; aussi publia-t-il successivement une suite de *Léonard* dans laquelle il reprit
le fil de l'histoire du village de Bonnal où se passait la scène du premier volume et dans laquelle,
entre autres vues importantes, il exposa sous
une forme intéressante pour la classe de lecteurs à laquelle il s'adressait, ses idées sur l'éducation maternelle, sur l'importance de l'école
basée sur la vie de famille, sur la marche à
suivre pour développer les forces morales, intellectuelles et physiques déposées par Dieu dans
chacun de ses enfants, et enfin sur l'éducation
religieuse basée sur la famille et sur l'école. La
bonne Gertrude, Gluelphi l'instituteur, et le pasteur Ernst représentent : le foyer domestique,
l'école et l'église, trinité sur laquelle il base toute
bonne éducation de l'homme et d'où il fait dé-
couler d'une manière harmonique tous les bons
principes qui doivent présider au gouvernement
d'une commune afin de procurer à ses habitants
la plus grande somme de bonheur possible.

Cette nouvelle publication fut très-diversement

accueillie; en recevant ce volume, le comte de
Zizendorf écrivait à Pestalozzi pour le féliciter
d'avoir osé attirer l'attention de la noblesse et
de la bourgeoisie sur les besoins moraux et matériels des habitants des campagnes. « Dans ce
moment, lui disait-il, ces classes sont tellement
éloignées et tellement isolées qu'on a presque
oublié que la dernière nourrit les deux autres ».
— Plus loin, le ministre ajoutait : « Vos plans
et vos essais sur l'éducation des pauvres, sur
l'amélioration des enfants vicieux et en particulier tout ce que vous désirez pour l'instruction
du peuple, en un mot tout ce qui doit être l'objet de mesures législatives, sera pour moi d'une
haute importance et je recevrai avec le plus
grand plaisir tout ce que vous écrirez sur ce
sujet (1). »

Les autres volumes obtenaient la même approbation de cet homme d'État éminent. « J'ai
lu deux fois le quatrième volume, (lui écrivait-il
le 19 décembre 1787); depuis la page 164 il présente un très-grand intérêt et il développe des
vues fort importantes pour la législation relative
aux classes populaires. Pour mettre vos idées

1. Lettre de Zizendorf à Pestalozzi, datée de Vienne, 26 avril
1784 (manuscrite).

en pratique, ajoutait-il, la première chose à tenter serait de faire partager les idées d'Arner à toute la noblesse, seule propriétaire de tous les biens ; il faudrait qu'elle eût l'inclination et le courage de faire élever ses fils dans cet esprit, à côté des enfants des campagnes, et qu'elle se trouvât heureuse de résider dans ses terres. » — Mais c'était toute une révolution à opérer dans les habitudes et dans la législation de l'Autriche, et le ministre philosophe hésitait à la tenter; il traçait à Pestalozzi un tableau effrayant des obstacles qu'il faudrait surmonter, et il le consultait sur les moyens de les vaincre.

Il faudrait reproduire dans son entier la longue réponse que Pestalozzi fit à cette lettre, pour voir avec quelle profondeur de vues, avec quelle prévision des événements futurs, avec quelle sagesse il répond à toutes les objections qui lui sont présentées par son noble correspondant. On voit qu'il ne s'illusionnait pas sur l'adoption immédiate et générale de ses idées; mais on voit aussi qu'il avait une foi profonde dans leur réalisation future : « Un siècle, dit-il, n'est pas une « éternité [1]. »

1. Lettre de Pestalozzi à Zizendorf, 18 janvier 1788. Copie manuscrite de madame Pestalozzi.

Mais si le ministre d'Autriche prenait un si
grand intérêt aux plans de Pestalozzi, et l'invitait à persévérer dans la même voie, l'auteur de
Léonard et Gertrude ne trouvait pas partout les
mêmes encouragements. « Dans ma patrie,
écrivait-il au comte de Zizendorf qui était très-
curieux de connaître comment l'ouvrage avait
été jugé par ses concitoyens ; dans ma patrie,
quelques hommes d'État et quelques magistrats
ont bien loué le quatrième volume, mais la foule
des lecteurs l'a trouvé extrêmement ennuyeux
depuis la page 164 ; le plus grand nombre de nos
savants trouve que ma philosophie est fausse,
parce qu'elle ne ressemble pas à la leur ; beaucoup d'autres la trouvent rude et grossière, ils
la nomment philosophie de caporal (je désire-
rais bien pourtant qu'ils l'appelassent philosophie de lieutenant). Beaucoup de citoyens suisses qui ne connaissent guère le peuple, mais qui
rêvent pour lui la liberté, trouvent que les principes d'Arner sont despotiques ; les deux partis
ecclésiastiques en sont mécontents, les philoso-
phes et les orthodoxes élèvent beaucoup d'objections contre eux ; le peuple, routinier de sa
nature, prétend que je suis un rêveur ; il y a
même, par-ci, par-là, quelques honnêtes gens

qui disent que je ne me comprends pas moi-
même; cependant jusqu'à présent je n'ai encore vu aucune critique de mon ouvrage [1]. »

Pestalozzi avait raison d'espérer. Ses principes étaient ceux que la Révolution française a
fait triompher depuis; seulement, il voulait arriver à leur adoption par des voies pacifiques,
il voulait obtenir par des concessions ce qu'il
fallut arracher par la force.

« L'éducation est le centre d'où tout doit partir, écrivait-il encore au ministre, et l'État doit
considérer cet objet comme son but le plus
essentiel et doit lui subordonner tout le reste.
Si ce premier intérêt de l'État est convenablement soigné, les intérêts particuliers des
souverains seront faciles à conserver. Les liens
entre les autorités locales et l'autorité supérieure pourront facilement se renouer d'une
manière satisfaisante.

« ..... Espérons, Monseigneur, que ceux qui
conduisent l'humanité parviendront à la conviction que l'amélioration de l'espèce humaine
est leur plus important, leur unique intérêt, et
j'ai la certitude que tôt ou tard ce que je veux

---

1. Lettre du 18 janvier 1788, déjà citée.

pour l'éducation du peuple trouvera une route
toute tracée, et que les princes eux-mêmes
seront les premiers à la favoriser et à tendre la
main aux personnes qui seront les plus propres à la bien diriger [1]. »

L'appréciation des vues que renferme ce roman humanitaire nous entraînerait beaucoup
trop loin du sujet que nous traitons dans ce mémoire; mais nous croyons en avoir dit assez pour
montrer quelle place importante Pestalozzi donnait à l'éducation dans les projets d'amélioration de l'espèce humaine, qui l'occupaient à
cette époque.

Tout en poursuivant son but, tout en traçant
les plans dont il croyait l'accomplissement nécessaire pour préparer des générations meilleures, Pestalozzi ne restait pas insensible aux
maux qui l'entouraient; tout malheur particulier ou général, tout crime qui parvenait à sa
connaissance, tout vice qui se montrait à visage
découvert ou qui se cachait dans l'obscurité, attiraient son attention et le poussaient invinci-
blement à rechercher quelles étaient les causes
de ces maux et quels remèdes il fallait y porter.

1. Lettre du 18 janvier 1788, déjà citée.

C'est ainsi que l'exécution capitale de deux
jeunes filles, mises à mort à Vevey pour crime
d'infanticide, lui suggérèrent la pensée d'étudier la législation qui régissait cette matière ; il
rassembla tous les faits de même nature qui
s'étaient produits dans son pays depuis le commencement du siècle, il rechercha les causes
qui avaient poussé à ces crimes, et dans un livre
qu'il publia en 1783, *sur l'infanticide*, il sou-
mit les vues qu'il croyait propres à prévenir de
semblables actes et à réformer la législation qui
présidait à leur punition.

Mais sa pensée dominante était toujours l'a-
mélioration de l'homme par l'éducation ; d'autres idées pouvaient de temps en temps l'en
distraire, mais elles ne l'en écartaient jamais ;
après avoir examiné avec la plus profonde attention les écoles de la Suisse, il avait voulu voir
celles qui jouissaient en Allemagne de quelque
réputation ; il fit donc à cet effet un voyage pédagogique en 1792. Il visita des écoles normales
et d'autres établissements qui ne le satisfirent
pas ; mais il eut le bonheur de contracter des
liaisons d'amitié avec Klopstock, Goëthe, Wie-
land, Herder, Jacobi et un grand nombre d'hommes illustres de cette époque.

7.

De telles amitiés honoraient Pestalozzi, mais il reçut dans la même année un témoignage bien autrement honorable de la nation française. Dans la séance du dimanche 26 août 1792, l'Assemblée nationale décernant le titre de citoyens français à dix-huit étrangers, inscrivait le nom de Pestalozzi à côté de celui des Bentham, des Wilberforce, des Payne, des Washington, des Klopstock et des Kosciusko [1].

De retour à Neuhof, il reprit ses études favorites et publia en 1797 ses *Recherches sur la marche de la Nature dans le développement de l'Homme*, dont le titre indique à lui seul l'idée première de tous les essais, de tous les travaux qui devaient remplir la vie de Pestalozzi. Cet ouvrage profond ne pouvait aspirer à être mis dans toutes les mains comme ses précédents ouvrages, mais il reçut le suffrage de beaucoup d'hommes éclairés, et entre autres de *Herder*, excellent juge en pareilles matières, qui déclara que les vues de Pestalozzi étaient parfaitement justes et qu'elles méritaient d'être prises en très-sérieuse considération.

Quoiqu'il fût toujours préoccupé de ses re-

1. *Moniteur universel* du mardi 28 août 1792, page 1020 et 1021, Séance de l'Assemblée nationale du dimanche 26 août 1792.

cherches humanitaires et pédagogiques, Pestalozzi ne pouvait pas rester indifférent au mouvement politique qui s'opérait autour de lui.
Chaque commotion qui avait remué le sol de la
France avait eu du retentissement dans beaucoup de parties de la Suisse, qui gémissait sous
une tyrannie non moins humiliante, quoique sur
une plus petite échelle, et chaque essai de la part
des opprimés pour se délivrer de leur joug était,
comme en France, combattu avec opiniâtreté et
violence. Son cœur était profondément affligé à
la vue des passions de l'aristocratie qui ne recu-
lait devant aucun moyen pour conserver à tout
prix ce pouvoir bien près de lui échapper; et il
écrivit sous forme d'apologues les réflexions
que faisait naître en lui un tel état de choses.
La publication de ces *Fables* qui parurent en
1798, sous le titre énigmatique de *Figures pour
mon Abécédaire*, le placèrent au rang des avo-
cats énergiques d'une réforme politique rendue
nécessaire par suite d'abus qui étaient devenus
intolérables.

Mais lorsque son pays put jouir de cette réforme politique qu'il appelait de tous ses vœux,
lorsqu'il vit que les paroles de liberté n'avaient
été comprises par la multitude dépravée que

comme un signal pour la liberté de toutes les
passions brutales et comme un prétexte pour
l'accomplissement des projets les plus odieux ;
quand la Révolution eut aplani toutes ces entraves qu'il avait considérées jusque là comme
les seules causes de la dégradation humaine, et
qu'il vit ces esclaves émancipés , au lieu de s'é-
lever sur l'échelle de la morale comme il l'avait
cru , réunir les vices de leurs tyrans à ceux de
leur condition première ; quand il vit enfin dans
son propre pays le plus grand nombre de ceux
qui l'avaient secondé dans ses efforts pour soutenir les droits de l'homme , fouler ces droits
sous leurs pieds aussitôt que le pouvoir leur fut
confié, et substituer la violence de l'illégalité et
du despotisme personnel au tumulte de la multitude, alors ses illusions disparurent , il eut la
preuve qu'en l'absence de tous obstacles exté-
rieurs l'homme est moins disposé que sous leur
pression à chercher sa propre amélioration morale et intellectuelle , et son esprit arriva gra
duellement à cette importante conclusion que
l'amélioration des circonstances extérieures doit
être l'*effet* mais non la *cause* de l'amélioration
morale et intellectuelle de la race humaine.

Dès ce moment il se retira de la secte des

Illuminés, dont il avait fait partie jusqu'alors, et il ne cessa de faire tous ses efforts pour ramener les populations à des sentiments plus modérés, à leur faire comprendre que la licence n'était pas la liberté ; il chercha à opposer des digues au torrent, à donner une meilleure direction à l'opinion publique, en fondant un journal destiné à répandre les opinions les plus saines et les plus sages ; il écrivit des proclamations pour empêcher l'effusion du sang dans les cantons démocratiques ; et le ministre de la justice le remerciait au nom du gouvernement helvétique de ses efforts pour éclairer les populations sur leurs véritables intérêts ; il l'engageait à continuer de prêter au Directoire son concours infatigable pour développer dans les masses les idées de sage liberté, d'ordre et de moralité [1].

Pendant toute la période dont nous venons de rendre compte, les travaux littéraires de Pestalozzi lui gagnèrent à peine le nécessaire. Il était aussi inhabile à tirer parti de ses livres qu'à administrer son domaine de Neuhof, qui lui coûtait chaque année presque autant qu'il lui rapportait. Cependant, quoiqu'il fût dans la

1. Lettre manuscrite de Mayer de Schauensée. — Aarau, 23 mai 1798.

dernière des misères, il ne voulait pas le vendre, parce qu'il conservait toujours l'espoir d'y reprendre le cours de ses expériences si malheureusement interrompues.

Nous verrons dans le chapitre suivant comment les circonstances amenèrent son activité sur un autre théâtre.

CHAPITRE IV.

STANZ.

École d'Orphelins.

La Révolution française avait amené en Suisse un gouvernement analogue à celui de la France. Un Directoire exécutif avait remplacé le pouvoir fédéral, le parti démocratique triomphait; et Pestalozzi, qui avait toujours combattu le privilége, qui avait dans tous ses écrits demandé des réformes libérales, qui était, en un mot, en parfaite communauté de sentiments politiques avec les hommes qui venaient d'être mis en possession du pouvoir, Pestalozzi comptait surtout des amis parmi les chefs les plus sages et les plus modérés du gouvernement. On lui offrit de hautes positions, mais il connaissait trop

son incapacité dans les affaires pour accepter
le moindre poste dans l'administration. D'ailleurs il craignait de s'associer à des mesures
politiques qui pouvaient souiller la cause de la
liberté par des excès ou par la violence ; et
quoiqu'il eût atteint déjà sa cinquante-troisième
année, il résolut d'exécuter lui-même le plan
d'éducation qu'il avait conçu pour l'amélioration des peuples, et à toutes les offres brillantes
qui lui étaient faites, il se bornait à répondre :
Je veux devenir Instituteur.

Le moment lui paraissait, en effet, très-favorable pour la réalisation de son plan. L'expérience venait de prouver que l'amélioration du
peuple ne pouvait pas dépendre de réformes
politiques, et chacun avait pu voir d'ailleurs que
les masses nombreuses n'avaient été si aisément
soulevées par l'ambition de quelques factieux,
et qu'elles n'étaient devenues entre leurs mains
un terrible instrument de révolte et d'oppression,
que parce qu'elles n'avaient pu puiser dans l'é-
ducation, dont on avait cherché à les priver, la
connaissance de leurs devoirs, de leurs droits et
de leurs intérêts, les moyens d'améliorer hon-
nêtement leur condition , et le désir de voir
subsister l'ordre établi. Les hommes que l'é-

ducation, la propriété ou l'industrie rendent
naturellement amis du repos, commençaient à
comprendre qu'en tout et partout la populace
sans instruction, sans état, est le levier dont
s'emparent ceux qui veulent opérer par la force
des changements politiques; aussi, soit par sympathie, soit par crainte, soit par intérêt, toutes
les espérances se tournèrent vers les plans d'é-
ducation de Pestalozzi.

De son côté il en conférait avec ses amis Legrand et La Harpe, tous deux membres du Directoire, qui avaient appris à le connaître et à
l'apprécier, et qui avaient si bien compris l'importance de ses projets, qu'ils étaient tout dis-
posés à les seconder; et quoique le premier
surtout fût bien fatigué de ses fonctions de
Directeur, il avait promis à Pestalozzi de ne les
résigner que lorsqu'il aurait pu lui procurer
l'occàsion de réaliser ses vues.

Pestalozzi avait également d'excellents rapports avec Rengger, ministre de l'intérieur, et
Stapfer, ministre de l'instruction publique, dans
les attributions desquels rentrait plus spéciale-
ment la réalisation de ses plans. Il leur fit bientôt partager ses nobles convictions, il les guida
dans leurs tentatives importantes pour réorga-

niser l'instruction publique, et il fut assez heureux pour faire consigner dans un message et
dans un projet de loi adressés par le Directoire
exécutif au Corps législatif les principes qui,
selon lui, devaient servir de base à toute bonne
législation sur l'éducation populaire. Ce message [1] est trop important pour que nous négli-
gions d'en citer quelques fragments.

« Citoyens législateurs,

« Occupés, depuis que nous sommes en
place, des mesures les plus indispensables pour
satisfaire aux besoins pressants d'une Républi-
que qui s'est formée au milieu du tumulte des
armes, et des débris des constitutions anciennes ; absorbés par l'importance des événements
et des devoirs qui réclamaient nos premiers
soins, à peine avons-nous pu jeter de temps en
temps un coup d'œil de sollicitude et de surveillance sur les écoles du peuple, et les établissements supérieurs destinés à l'instruction publique dans l'Helvétie.

« Mais aujourd'hui que notre Constitution, fondée sur les droits imprescriptibles de l'homme,

1 Message du Directoire exécutif. — Lucerne, 18 novembre 1798.

a surmonté tous les obstacles que l'ignorance,
le fanatisme et la malveillance lui opposaient,
il nous est permis de consacrer une portion de
notre temps aux parties de l'administration, qui
ne pouvaient être le premier objet de nos soins,
quoiqu'elles touchent certainement de très-près
et vos cœurs et les nôtres. Vous avez pressenti,
citoyens Représentants, que nous voulons parler de l'instruction publique et de l'éducation
du peuple.

« Conserver, améliorer, augmenter nos instituts d'éducation, maintenir et organiser avec
plus de soin les moyens qui peuvent contribuer
au perfectionnement de notre nation, sont des
devoirs sacrés, d'autant plus importants qu'ils
concernent à la fois la génération présente et
les générations futures, et que les remplir est
la seule voie par laquelle nous puissions conduire nos concitoyens à la jouissance complète
de la liberté qu'ils ont recouvrée, et mettre
pour l'avenir leurs droits à l'abri de toute atteinte.

« De toutes les formes de gouvernement, la
forme représentative, qui assure à tous les citoyens les mêmes droits, et leur ouvre l'accès à
toutes les places sans exception, est en même

temps celle qui impose à l'État l'obligation la plus forte de répandre les connaissances utiles parmi tous les citoyens, d'améliorer le caractère national, et de faire de cet objet le but principal auquel les fonctionnaires publics doivent rapporter leurs soins.

« Dans les pays où quelques familles s'attribuent le droit d'être les tuteurs de leurs concitoyens et de régir les affaires publiques, il est naturel, et c'est même une mesure de prudence de la part des gouvernants, de traiter l'instruction du peuple comme une chose secondaire, ou de la négliger tout à fait, pour ne pas accélérer par les progrès des lumières l'émancipation du genre humain.

« Mais là où la faveur du peuple peut élever chacun indistinctement aux premiers emplois et lui donner une influence qui, dans les mains de l'ignorance ou de la cupidité, tournerait à la perte de la chose publique, ce serait hasarder, de la manière la plus inexcusable, le salut de la patrie, que de ne pas faire de l'instruction et du perfectionnement moral du peuple, le principal objet du gouvernement. Quand le gouvernail peut être remis successivement à tous ceux qui se trouvent dans un navire, il est de

l'intérêt de tous qu'aucun ne soit admis à bord
s'il n'a pas les connaissances et l'habitude nécessaires pour remplir les devoirs d'un bon
pilote.

« Il y a plus encore : pour faire de bons choix
il faut des lumières et de la probité. S'il est
vrai que le système représentatif est, de toutes
les constitutions, celle qui favorise le plus le
développement des facultés de l'homme et leur
perfectionnement illimité, il n'est pas moins vrai
qu'il met en jeu toutes les passions et en conflit
tous les talents, et qu'il occasionne ainsi un
mouvement qui ne peut devenir avantageux
pour le bien public qu'au moyen d'une éducation générale, uniforme, et propre à développer
la moralité du peuple.

« Vous ne manquerez donc pas, citoyens représentants, de vouer dans votre sagesse une
attention toute particulière à l'amélioration et à
l'extension de l'éducation publique...

« Mais avant que vous puissiez faire une revue
générale et complète de toutes les institutions
d'enseignement en Helvétie, il est indispensable
que vous activiez, par quelques mesures préa-
lables, les parties de l'instruction qui ont été le
plus négligées jusqu'ici.

« Ce n'est que quand nos concitoyens verront que leur perfectionnement moral nous
tient à cœur, que nous aimons à les instruire
dans toutes les connaissances dont nous avons
éprouvé nous-mêmes l'influence salutaire ;
quand ils verront que notre but n'est pas uniquement d'en faire des sujets tranquilles, soumis et propres à servir d'instrument au gouvernement, mais que nous voudrions les mettre en
état de pouvoir exister, penser, juger, agir par
eux-mêmes, de pouvoir jouir de l'estime d'eux-
mêmes et de tous les avantages qu'une indépendance réelle, une sage liberté et le sentiment réfléchi de leur dignité ont procurés à ceux
d'entre nous dont l'esprit est le plus cultivé ; ce
n'est qu'alors qu'ils se persuaderont que la révolution n'est pas simplement un déplacement
d'anciens maîtres, auxquels le caprice du sort
en a substitué d'autres, mais qu'elle est une véritable régénération de l'État, un changement
qui a le respect de l'homme pour base et le
bien public pour but ; c'est alors seulement que,
détournant leurs regards des maux passagers
qu'a occasionnés ce changement, ils les fixeront
sur les avantages durables que leur postérité
doit en recueillir.

« Votre premier soin, citoyens représentants, sera donc de pourvoir à une instruction qui embrasse toutes les classes du peuple et qui développe les facultés et les talents de chaque citoyen jusqu'au degré nécessaire, pour que d'un côté il puisse connaître et exercer ses droits, ses devoirs d'homme et de citoyen, et que d'un autre côté il puisse embrasser et suivre avec application et avec facilité une vocation qui le rende nécessaire à ses concitoyens et lui assure un entretien honnête.

« Cette instruction civique sera organisée de manière que la méthode même dont on se servira pour communiquer aux élèves les connaissances les plus nécessaires, tende à développer leurs forces intellectuelles et à leur donner l'habitude d'une activité morale et indépendante.

« Les objets d'enseignement seront plus ou moins nombreux, en raison de la différence des lieux, de la multiplicité des ressources et de l'habileté des maîtres ; il parcourra tous les degrés de développement dont les localités, les progrès des lumières et l'accroissement des moyens le rendront susceptible, depuis les écoles élémentaires ou de campagne jusqu'aux écoles plus complètes placées dans les chefs-lieux des cantons. Dans des communes qui en présenteront les moyens, on réunira des *écoles d'industrie* à ces établissements destinés à l'instruction civique.

« L'instruction civique sera uniforme, peu dispendieuse, et gratuite pour les élèves sans fortune. Son but est de garantir, autant que possible, l'égalité des droits contre l'inégalité des moyens, toujours menaçante pour celle-là; de rendre familière au citoyen la connaissance de ses droits et de ses devoirs, et de le mettre en état d'exercer les uns, et de remplir les autres d'une manière qui contribue au bien général et particulier. Celui qui ne l'aurait pas reçue, ou qui n'aurait pas atteint par quelque autre voie le degré de capacité auquel elle mène, ne devrait être admis ni aux assemblées primaires, ni à une fonction publique quelconque; car comment ses concitoyens pourront-ils présumer ou s'assurer qu'il a la faculté et la volonté d'user de ses droits pour le bien de la chose publique s'il n'apporte pas cette garantie des écoles d'instruction civique?...

« Les jeunes gens qui manquent de ressources, et qui auraient annoncé de grands talents dans les Écoles élémentaires, seront reçus dans les Gymnases aux frais de la Nation, et les plus distingués d'entre eux seront envoyés de ceux-ci dans l'École Centrale, afin que là, sous la surveillance publique, et réunis avec l'élite de la jeunesse helvétique, ils se forment pour le service de la patrie dans toutes les branches de travaux qui peuvent lui être utiles...

« Car à côté de toutes ces institutions d'enseignement et d'éducation technique de nos concitoyens, il faudra placer une instruction morale qui accompagne tous les degrés des études civiques et académiques et qui les suive pas à pas. Il ne suffit pas de créer des habitudes, d'exciter, de développer, d'exercer et de nourrir les facultés de l'homme et de lui fournir des armes tranchantes; ce ne sont que des instruments aiguisés dont il faut qu'il apprenne à faire un bon usage, ce sont des forces mises en jeu et multipliées auxquelles il faut imprimer une direction bienfaisante. Développer les facultés de l'esprit sans épurer les sentiments du cœur n'est qu'une partie de l'éducation. A côté des moyens d'enseignement et de culture intellectuelle, il est nécessaire qu'il existe une instruction et des établissements destinés à former et à fortifier le sens moral...

« Celle de ces mesures qui doit être mise au premier rang, c'est de donner aux écoles de campagne une meilleure organisation et de les soutenir par des secours suffisants...

« La patrie doit tendre une main bienfaisante à ces enfants dénués de sécours et qui réclament ses soins ; ce devoir est pour elle une dette sacrée, et qu'elle doit payer avant toute autre.

« L'instruction élémentaire devrait embrasser toutes les connaissances et tous les exercices, sans lesquels l'homme ne parvient jamais au sentiment de sa dignité et à l'usage intelligent de ses moyens, ni le citoyen à la connaissance exacte de ses devoirs et de ses droits. Elle devrait, en développant les facultés physiques, intellectuelles et morales du jeune homme, le conduire à se former des principes qui fussent le résultat de sa propre conviction et qui lui servissent de règle invariable de sa conduite. Elle devrait le mettre en état d'apprécier ses talents et d'embrasser une vocation qui fût en rapport à la fois avec ses moyens et avec ses besoins. Elle devrait apprendre aux élèves à lire, parler et écrire leur langue maternelle, initier l'Helvétien allemand aux principes de la langue fran-

çaise, le Français aux principes de la langue
allemande, et l'Italien aux principes de l'une et
de l'autre; elle devrait les conduire à la connaissance de l'arithmétique et de la planimé-
trie, leur donner quelques notions d'histoire
naturelle, de physique, de géographie et d'histoire, des arts et métiers les plus utiles, de la
structure du corps humain, de ses fonctions,
des principales règles à suivre pour conserver
la santé, de l'économie domestique et de la
tenue des livres; enfin elle devrait embrasser la
Constitution, les lois les plus importantes, les
relations sociales et la morale; en peu de mots,
elle devrait mettre le citoyen au niveau de ses
besoins, le placer en face de ses devoirs, et le
livrer à la société avec le sentiment raisonné de
ses droits.

« L'homme doit apprendre à se servir avec
facilité et à faire un usage moral de ses facultés
dans tous les rapports dans lesquels la nature et
la société l'ont placé. L'État n'est qu'un moyen
indispensable pour atteindre ce but, et il doit
aider le citoyen à l'atteindre, en perfectionnant
ses forces physiques, ses facultés sensitives, sa
raison et sa volonté; en lui procurant la connaissance des relations où il se trouve avec la

nature, la société en général et l'État dont il est citoyen en particulier, afin qu'il puisse faire servir ces relations à son but.

« Mais un enseignement aussi complet ne peut sans doute pas être organisé partout dans ce moment, et quelque défectueux, quelque imparfait que soit ce qui existe, il faut le conserver comme un germe duquel, par des soins attentifs, doit résulter insensiblement quelque chose de meilleur... »

Il ne suffisait pas à l'activité dévorante de Pestalozzi de voir consacrer ses principes par un message du gouvernement, il voulait encore fonder un vaste établissement normal d'éducation industrielle et agricole qui pût servir de type pour la création ou pour la transformation des écoles populaires. Déjà on avait jeté les yeux sur les cantons de Zurich et d'Argovie pour la réalisation de ce projet, lorsqu'un événement terrible vint appeler le dévouement de Pestalozzi sur une scène plus resserrée.

Lorsque l'armée française avait pénétré en Suisse, elle avait été reçue avec joie dans tous les cantons où la domination insolente des villes fortifiées avait pesé sur les campagnes, et où l'aristocratie avait courbé sous son joug la masse

des citoyens. Mais dans tous les petits cantons,
dans ce sanctuaire de l'antique gloire et de la
vieille liberté, les habitants étaient restés plus
fidèles aux traditions de leurs pères. Ils avaient
conservé mieux qu'ailleurs, avec l'amour de l'indépendance, leur foi primitive, leurs vertus anti-
ques, leurs mœurs simples et pures ; mais ils
avaient conservé aussi leur rudesse, leur ignorance, et tous les défauts d'une nature inculte
et grossière. Ce fut chez eux que se réfugièrent
les prêtres, les moines, les aristocrates, les
agents de l'étranger, et on leur fit comprendre
que les Français voulaient porter atteinte à leur
culte et à leur indépendance ; et par ces insinuations on parvint à soulever les peuples de
l'Unterwald contre les Français. Un combat
acharné s'engagea le 9 septembre 1798. Tout
le pays avait été dévasté par le fer et le feu, et
l'armée fut même obligée d'incendier Stanz,
capitale de ce canton, où les instigateurs de la
révolte s'étaient réunis. Les conséquences de
ce désastre furent terribles : quatre cents habitants avaient perdu la vie en combattant, plusieurs centaines avaient quitté leurs habitations,
d'autres avaient été faits prisonniers. Les restes
épars de la population trouvaient à peine un

asile misérable dans le peu de huttes et de bâtiments qui avaient échappé à l'incendie. Des
troupes d'enfants orphelins ou abandonnés er-
raient sans protecteur, sans soutien, parmi les
ruines fumantes.

Bientôt la Suisse tout entière vint au secours
de ces malheureuses populations, et pendant
que le gouvernement prenait des mesures ac-
tives pour rebâtir les demeures détruites et procurer des vivres et des vêtements aux familles
réduites à la mendicité, Pestalozzi, qui aux
premiers coups de canon était monté sur le
Brauneck, et qui de cette hauteur avait aperçu
les flammes de l'incendie qui consumait Stanz,
Pestalozzi quitta aussitôt Neuhof, où il laissait sa
femme et son fils, pour offrir au gouvernement
de recueillir dans le couvent des Ursulines qui
fut mis à sa disposition, tous les orphelins, tous
les enfants abandonnés dont les familles venaient d'être dispersées ou ruinées par la guerre.

Il partit avec l'espoir de trouver dans la misère de ce pays une cause de reconnaissance
qui pourrait le dédommager de l'abandon de son
premier plan. Du reste, quoiqu'il ne se trouvât
dans le bourg où il allait, rien de ce qui pouvait faire réussir son entreprise, il n'hésita pas

un seul instant : « Mon zèle pour accomplir le
rêve de ma vie, dit-il, m'aurait conduit à l'entreprendre sans feu, sans eau, dans les plus hautes
Alpes, et je serais allé dans les plus profondes
crevasses des montagnes pour me rapprocher
de mon but [1]. »

Lorsqu'il arriva à Stanz, le bâtiment des Ursulines n'était pas encore terminé ; des cellules
étroites ne convenaient guère pour recevoir un
nombre considérable d'enfants. Il dut donc faire
achever les constructions commencées, et les
faire disposer pour son but. Grâce à son activité, à son énergie, grâce à l'argent que le
ministre Rengger lui faisait parvenir, les bâtiments furent bientôt appropriés à leur nouvelle
destination.

Mais avant que les travaux fussent entièrement terminés ; avant qu'il y eût ni cuisine, ni
lits, ni chambres, les enfants se présentaient en
foule. Pendant les premières semaines, il les
avait recueillis dans une pièce qui n'avait pas
vingt-quatre pieds carrés, et dont l'atmosphère
était tout à fait insalubre ; le soir, faute de lits,
il devait les renvoyer passer la nuit chez quel-

1. Lettre à Gessner. 1801.

ques personnes bienfaisantes, et le matin, ils rentraient souvent couverts de vermine.

Presque tous ces enfants étaient, à leur arrivée, dans un état également déplorable au physique et au moral, qui annonçait la plus profonde dégradation de la nature humaine. Hâves et décharnés, les traits du visage altérés, le regard inquiet, le front ridé par la misère et la défiance ; les uns hardis jusqu'à l'effronterie, pleins de mensonges et d'artifices, corrompus par l'habitude de mendier ; les autres, accablés sous le poids de leurs misères, endurants et dociles, mais timides, et étrangers à toute affection.

Il s'en trouvait parmi eux quelques-uns dont les parents avaient joui de quelque aisance, et qui avaient été élevés avec un peu plus de délicatesse que les autres. Ceux-ci, pleins de prétentions, faisaient bande à part, et regardaient avec mépris leurs camarades, tirés de la classe des mendiants et des pauvres honteux. L'égalité à laquelle ils étaient réduits par le malheur les humiliait.

Le changement apporté dans le mode d'existence de ces enfants, l'humidité des nouvelles constructions, amenèrent des fièvres qui n'eurent aucune suite sérieuse, mais dont le résultat immédiat fut de faire sortir un certain nombre d'élèves qui, peu satisfaits de ce genre de vie sédentaire, ou trompés dans leur espoir de mener dans cette retraite la vie oisive d'un couvent, prétendaient que l'étude était la seule cause de ces maladies, et qui, sous prétexte d'y échapper, s'empressaient d'abandonner l'asile qui leur avait été ouvert.

Pestalozzi avait aussi à lutter contre les dispositions des familles. Tantôt c'étaient des mères qui, se livrant ouvertement à la mendicité, lui enlevaient leurs enfants en affirmant qu'ils ne pouvaient pas être plus mal chez elles ; tantôt elles venaient lui réclamer un salaire pour les dédommager de ce que la mendicité de leurs enfants leur aurait rapporté si elles ne les avaient pas confiés à ses soins. Quelques-unes consentaient à laisser leurs fils à l'école, si on voulait les leur donner quelques jours par semaine pour qu'ils pussent mendier et faire des commissions. Et comme leurs offres n'étaient pas agréées, elles menaçaient de les retirer, et souvent elles tenaient cette promesse. D'autres, enfin, n'amenaient les leurs au couvent que dans l'espoir qu'ils seraient vêtus, et dès que leur espérance était réalisée, elles les

9.

rappelaient auprès d'elles à la première occasion , et même sans s'appuyer sur le moindre
prétexte.

Quant aux enfants que leurs parents consentaient à laisser à l'école, ils recevaient tous les
dimanches la visite de quelque personne de leur
famille, et loin de leur prodiguer quelques con-
solations, au lieu de les exhorter à la résignation, on voyait ces parents se retirer avec eux ,
soit dans un coin de la maison , soit dans la
rue , pour les plaindre et s'apitoyer sur leur
sort; et lorsqu'ils se retiraient, ils laissaient dans
l'âme de ces malheureux le mécontentement et
le chagrin.

On comprend combien ces mutations fréquentes dans le personnel de ses élèves rendaient
complétement impossible l'adoption d'un plan
bien arrêté de discipline et d'instruction. Heureusement qu'au bout de peu de temps les changements, devenus moins nombreux, donnèrent
à Pestalozzi le moyen de faire un peu de bien
à ceux qui persistaient à demeurer. Mais de ce
côté-là encore il avait beaucoup à souffrir : loin
d'éprouver aucune reconnaissance pour son
dévouement, loin de le soutenir par leur affection, les parents et les élèves semblaient lui

faire une grâce, les premiers, en lui laissant leurs enfants, les autres en restant auprès de lui. Ils le traitaient même avec mépris, comme un mercenaire qui n'aurait jamais pu se déterminer à remplir cette mission, s'il n'y avait été contraint par le plus profond besoin, ou même s'il eût pu embrasser une autre carrière.

L'extérieur de Pestalozzi contribuait beaucoup à entretenir cette idée, et Zschokke fut obligé de recourir à un singulier expédient pour combattre les préventions des habitants de l'Unterwald, et pour leur inspirer plus de confiance dans l'instituteur de leurs enfants.

A cette même époque Zschokke avait été envoyé par le gouvernement dans le Niedwald avec la mission de rétablir dans cette malheureuse contrée la tranquillité, l'ordre et la paix. Il trouva à Stanz Pestalozzi, qu'il avait connu à Zurich, et qui était un de ses meilleurs amis. Il s'aperçut bientôt que les habitants de l'Unterwald le méprisaient, qu'ils le considéraient comme un misérable vagabond affamé et presque comme un homme à moitié fou. En effet, on le rencontrait souvent dans la rue comme dans sa propre maison, sans chapeau, ses cheveux épars, la barbe longue, ses bas retombés

sur ses souliers éculés, revêtu d'un habit qui
n'était pas brossé, et qui était toujours bou-
tonné de travers. Lorsque Zschokke lui fit remarquer quelle mauvaise impression il faisait
sur le peuple par sa négligence extérieure, il
lui répondait : « Laissez-moi, mon ami, je suis
pauvre, je veux être pauvre ; je ne veux être
riche que de l'affection de mes pauvres enfants ;
ils me comprennent, peu m'importent donc les
sentiments des autres. »

Cette réponse n'arrêta pas Zschokke. Il souffrait tellement de la négligence de son ami,
qu'il lui brossait son habit, lui arrangeait sa
veste où sa cravate ; et pour montrer aux habitants de Stanz qu'ils n'avaient pas un vagabond
pour maître d'école, il allait en grand uniforme
se promener avec Pestalozzi, bras dessus bras
dessous, sur la place de la ville, où il passait
quelques heures avec lui, lui donnant de nombreuses marques de considération. Cette dé-
monstration produisit l'effet qu'il en attendait.
Le peuple devint moins moqueur, et les railleries cessèrent tout à fait.

Mais de tous les obstacles apportés par les
parents aux efforts de Pestalozzi, les plus grands
provenaient surtout des dispositions politiques

et religieuses de la population au milieu de laquelle il vivait. Elle détestait la nouvelle Constitution ; son animosité contre le gouvernement lui rendait suspects les secours mêmes qu'elle en recevait. D'un caractère sombre et mélancolique, ennemis des nouveautés, particulièrement de celles qui venaient du dehors, les habitants de l'Unterwald conservaient un vif attachement pour l'ancien ordre de choses, et ils portaient dans cet attachement une obstination mêlée d'amertume et de défiance. Aussi, Pestalozzi n'était-il, à leurs yeux, qu'un partisan du nouveau système, et un instrument, ou tout au moins un moyen, dans la main de ces hommes dont l'idée s'associait nécessairement à celle de leurs malheurs.

A ces motifs de répugnance tirés des circonstances politiques, se joignaient encore ceux de la religion. On regardait Pestalozzi comme un hérétique qui pouvait faire, à la vérité, quelque bien aux enfants, mais qui compromettait le salut de leur âme. Jamais ces pauvres gens n'avaient vu un protestant exercer parmi eux quelque fonction publique, beaucoup moins s'ériger en instituteur de leurs enfants. Aussi, chez ces hommes aigris par l'infortune, il fallait encore quelque degré de bonté pour lui laisser remplir sans opposition la tâche qu'il s'était prescrite.

Tels étaient les enfants dont Pestalozzi voulait devenir l'instituteur et le père, tels étaient les obstacles qu'il rencontrait dans l'exécution de ses vues ; cependant il ne se rebuta pas, et quoiqu'il fût seul, directeur, caissier, domestique, sans autre appui que celui d'une seule femme occupée des détails du ménage, quoiqu'il fût privé de tout secours, soit pour l'instruction des élèves, soit pour les soins particuliers qu'ils exigeaient, il s'établit au milieu de quatre-vingts enfants de quatre à dix ans pour développer toutes leurs facultés.

« L'abandon dans lequel je me trouvais, écrivait-il à Gessner [1], quelque pénible qu'il fût, et le manque absolu de secours furent précisément ce qui contribua le plus au succès de mon entreprise.

« Séparé du reste des hommes, je concentrai tous mes soins et toutes mes affections sur mes enfants. Tous les soulagements qu'ils éprouvaient, c'est à moi qu'ils en étaient redevables ; je partageais leurs peines et leurs plaisirs, j'étais

---

1. *Feuille hebdomadaire pour l'éducation des hommes*, tome 1, traduction du ministre Courvoisier.

partout avec eux quand ils se portaient bien; et,
quand ils étaient malades je me tenais le plus
souvent auprès de leur lit.

« Nous avions les mêmes aliments, je cou-
chais au milieu d'eux, et de mon lit je priais
encore avec eux ou je leur enseignais quelque
chose... Obligé de vaquer moi-même aux soins
physiques, j'avais à lutter contre la malpropreté
toujours renaissante de leurs vêtements et de
leurs personnes, et j'étais exposé à la contagion
des maux qu'enfantait cette malpropreté.

« Mais ces attentions continuelles servaient
à me les attacher davantage, ils prenaient ma
défense contre les propos insensés ou mépri-
sants de leurs parents et de leurs· amis, ils
voyaient qu'on me jugeait mal, et cette injustice redoublait l'affection qu'ils me portaient.

« Cette disposition d'esprit ne fut pas cependant l'effet immédiat de mes principes et de ma
conduite ; ce ne fut qu'après un certain temps
que l'influence de ma tendre amitié pour nos
enfants put agir efficacement sur eux.

« Il s'écoula plusieurs mois sans qu'aucun pa-
rent daignât me témoigner quelque gré des soins
que je prodiguais à mes élèves. Les enfants
revinrent plus vite à eux - mêmes..... Quel-

ques-uns commençaient à sentir leur bonheur,
et quand leurs mères cherchaient à les aigrir
contre moi, ils disaient qu'ils étaient mieux
dans mon établissement que dans la maison
paternelle. Il y en eut plusieurs qui s'aperçu-
rent qu'en restant auprès de moi ils pourraient
acquérir quelque instruction et qui redoublè-
rent d'affection et de zèle, d'autres firent par
imitation ce qu'ils voyaient faire à leurs camarades...

« On ne tarda pas à remarquer que ceux qui
cherchaient à s'échapper étaient les plus mauvais sujets et les plus ineptes; enfin leur propre
conviction mit un terme à l'égoïsme et à l'insensibilité de leurs procédés. »

L'approche de la plus douce saison produisit
sur la santé des élèves le même effet que la
bienveillance persévérante de Pestalozzi avait
opéré sur le développement de leur intelligence
et de leurs affections; et lorsque ceux qui
avaient été témoins du désordre des premiers
commencements vinrent visiter l'école dans le
printemps de 1799, ils purent à peine reconnaître dans ces contenances gaies, dans ces regards animés, ces visages hagards dont le souvenir était resté gravé dans leur imagination.

Ce n'est pas ici le lieu d'exposer comment
Pestalozzi procéda pour instruire et pour élever
ses enfants[1]. Bornons-nous à dire que ses soins
obtinrent tout le succès qu'il pouvait en attendre; ils étaient posés et réfléchis, toutes leurs
facultés étaient en mouvement et se dévelop-
paient de concert, lorsque les mêmes causes qui
l'avaient appelé à Stanz vinrent le contraindre
à abandonner son œuvre, que son état de santé
l'aurait du reste bientôt forcé d'interrompre.

Le 8 juin 1799, l'armée française pénétra
une seconde fois dans le Niedwald, et les Autrichiens, qui la suivaient de près, s'emparèrent du couvent des Ursulines pour y fonder un
hôpital militaire. Pestalozzi, dépossédé de son
local, dut renoncer encore à son intéressante
expérience au moment où elle commençait à
promettre des fruits. « Mon institution, dit-il,
s'est évanouie comme un songe. L'ouvrage que
j'avais commencé a été détruit; le peu de forces
que j'avais, je l'ai prodigué sans résultat. »

Mais la ruine de ses espérances lui causa encore moins de chagrin que l'obligation de se
séparer de ses enfants; il fit à chacun d'eux un

[1] Voyez la seconde partie de ce Mémoire.

petit paquet renfermant quelques vêtements,
du pain et un peu d'argent; il les embrassa tous
les uns après les autres, et d'une voix entre-
coupée de sanglots, il leur donna sa bénédiction
et s'arracha avec peine à ce groupe d'orphelins
qui ne voulaient pas l'abandonner. Ce fut ainsi
que Pestalozzi renvoya dans leurs familles ceux
qui avaient le bonheur d'en avoir une et qu'il
remit entre les mains de Zschokke qui repré-
sentait le gouvernement helvétique dans cette
malheureuse contrée, une vingtaine de ces infortunés, dont il fut tout à fait impossible de
retrouver les parents; ce dernier les remit au
ministre Businger, qui continua; autant que les
circonstances le lui permirent, à veiller sur leur
éducation et sur leurs plus pressants besoins.

CHAPITRE V.

1799 à 1805.

BERTHOUD ET MUNCHEN-BUCHSÉE.

Instituts d'éducation.

Dès que Pestalozzi fut de retour à Berne, il
fut envoyé aux bains de Gournicle, où il trouva
le repos et les soins qui lui étaient nécessaires
pour le rétablissement de sa santé délabrée.
« C'est un miracle, dit-il lui-même, que j'aie pu
en revenir; mais je n'avais pas encore atteint
mon but : le Gournicle était pour moi un ro-
cher dans la mer, sur lequel je me reposais afin
de m'élancer de nouveau pour atteindre le ri-
vage. Tant que je vivrai, Zehender, je n'ou-
blierai pas ces jours heureux que vous cher-
chiez à prolonger; mais je ne voulais et ne pou-
vais pas vivre sans mon but. » Et lorsque ses
yeux se reposaient sur les vallées qui s'éten-
daient sous ses pieds, ce n'était pas pour admirer

leurs beautés, quoiqu'il n'eût jamais joui d'un
pareil coup d'œil, c'était pour déplorer la profonde misère intellectuelle des peuples qui les
habitaient, et il était impatient de recouvrer un
peu de forces pour reprendre son œuvre au
point où elle avait été si malheureusement in-
terrompue.

Il aurait cependant bien dû être découragé
par le résultat de l'expérience qu'il venait de
faire à Stanz. Les affaires publiques absorbaient
alors tellement l'attention des membres du gouvernement dont il aurait dû attendre le plus de
secours, que, sans le laisser manquer d'argent,
il avait été abandonné complétement à lui-
même. Peu de particuliers s'intéressaient assez
à son entreprise pour lui donner quelque appui,
et s'il recevait quelques visites, il était surtout
affligé de voir des hommes qui avaient jeté un
coup d'œil rapide et superficiel sur l'immensité
de ses travaux, les déprécier en y remarquant
certaines choses qui, dans leurs maisons ou
dans des établisemênts d'éducation abondam-
ment pourvus de toutes les ressources, étaient
ordonnées avec plus de recherche. Ces mêmes
hommes lui donnaient des conseils et des direc-
tions qu'il était le plus souvent obligé de re-

jeter parce qu'ils ne convenaient pas à sa situation ; et comme ils ne lui pardonnaient pas
d'avoir négligé leurs avis, ils s'éloignaient de
lui comme d'un homme obstiné et même extra-
vagant.

Ses amis eux-mêmes n'avaient pas de lui une
meilleure opinion ; au lieu de reconnaître que
les nécessités de la guerre ne lui avaient pas
permis de rester à Stanz, on attribuait à son
inconstance, à son incapacité absolue, l'abandon d'une œuvre à laquelle il ne renonçait qu'à
son corps défendant.

Cependant quelques personnes lui rendaient
plus de justice. Rengger et Stapfer, entre
autres, se réjouissaient de la persistance que
Pestalozzi apportait dans l'accomplissement de
ses vues, ils lui firent obtenir une faible pension
du gouvernement helvétique en considération
de ses services passés, et dans le dessein de
lui permettre de continuer ses expériences, ils
l'engagèrent à se rendre à Berthoud, qui était à
cette époque la ville de Suisse où l'on s'intéres-
sait le plus à l'éducation et où il avait une personne de sa famille ' qui remplissait un poste

---

1 M. Himhof, principal du collége de Berthoud, qui avait épousé
ja sœur de madame Pestalozzi jeune (depuis, madame Kuster).

élevé dans l'enseignement. Là, quelques-uns des hommes qui s'occupaient de la propagation, de l'amélioration et de la surveillance de l'instruction publique le firent entrer, dans l'automne de 1799, en qualité de sous-maitre dans une école publique de la ville basse, destinée à l'instruction des enfants des habitants qui n'avaient pas droit de bourgeoisie, et on lui accorda la liberté d'y continuer ses expériences.

Mais l'école elle-même restait sous la conduite du premier maitre, qui voyait son nouveau collègue avec beaucoup de jalousie, et pour conserver ses habitudes routinières et son emploi, qu'il croyait également menacés par les travaux et le zèle de Pestalozzi, il parvint à alarmer les scrupules religieux des familles; il fit répandre le bruit que le nouveau sous-maitre ne savait ni lire, ni écrire, ni calculer, et bientôt les parents des enfants qui fréquentaient sa classe, voulant s'assurer de la réalité de ces sourdes rumeurs, vinrent assister à ses leçons : ils reconnurent avec effroi que Pestalozzi n'enseignait à ses élèves que des choses fort élémentaires, et telles qu'ils auraient pu les enseigner eux-mêmes; ils s'alarmèrent de ces nouveautés et ils déclarèrent hautement qu'ils ne consentiraient pas à laisser faire de pareilles expériences sur leurs fils; que si les bourgeois de Berthoud avaient une si grande confiance dans les talents de Pestalozzi, ils pouvaient lui confier leurs propres enfants; que, quant à eux, ils ne voulaient pas conserver un tel instituteur.

Pestalozzi eut la douleur de se voir ainsi expulsé du poste modeste qu'il occupait, mais il fut bientôt consolé du chagrin que lui avait causé son renvoi par les soins de ses protecteurs, qui parvinrent à le faire admettre, sans appointements, dans une petite école de la haute ville, où les élèves, âgés de quatre à huit ans, apprenaient à connaître Dieu, à épeler et à tracer leurs lettres. La directrice de cette école était fort âgée, et, loin de mettre un frein aux bonnes dispositions de son nouvel aide, cette excellente femme ne montra pas seulement la plus grande indifférence pour les moyens que pouvait employer Pestalozzi, mais elle se reposa entièrement sur lui du soin de tout faire, et elle lui laissa pleine et entière liberté de s'épuiser depuis huit heures du matin jusqu'à six heures du soir pour enseigner à ses nombreux élèves tout ce qu'il jugeait à propos de leur montrer.

Les femmes de bourgeois et de paysans répé-
taient encore très-souvent, en assistant à ses
leçons, les mêmes observations qu'on avait
faites jusqu'alors sur la simplicité de ses enseignements; mais ce qu'elles exprimaient comme
un blâme était pour Pestalozzi un grand sujet
de joie, car il voulait ramener toute l'instruction
à des principes tellement élémentaires que
chaque mère pût facilement devenir l'institu-
trice de ses propres enfants.

Les excellents résultats qu'il obtint venaient
chaque jour le confirmer davantage dans la
pensée qu'il était sur la véritable route qu'il
fallait suivre pour éveiller les facultés de l'enfance et pour les développer d'une manière
convenable; et lorsque après huit mois d'efforts,
la commission de surveillance des écoles de
Berthoud vint faire sa visite annuelle à l'école
et qu'elle examina les élèves de Pestalozzi, elle
fut si émerveillée des progrès de ces jeunes enfants, qu'elle consigna le témoignage de sa satisfaction dans le rapport suivant, qui fut rédigé
le 30 mars 1800.

« Bien que Pestalozzi nous paraisse se bercer
d'espérances exagérées, disent les examina-
teurs, nous trouvons étonnants les résultats

auxquels il est parvenu. Il a prouvé combien le
plus tendre enfant possède déjà de forces intellectuelles et morales; il a montré le moyen de
développer chacune de ses forces, de découvrir
chaque talent naturel, et de les exercer de manière à leur faire atteindre le but pour lequel la
Providence les a données. Des écoliers de dispositions très-différentes ont fait des progrès
surprenants. Ils nous ont prouvé par là que
chaque enfant est propre à quelque chose lorsque le maître sait découvrir ses dispositions et
les mettre en œuvre : tandis que précédemment
les écoliers pouvaient à peine apprendre à lire
de cinq à huit ans, maintenant beaucoup d'entre
eux savent aussi écrire, dessiner, calculer. Pestalozzi a même déjà éveillé en eux le goût de
la géographie, de l'histoire naturelle, de la géométrie, etc.

« A l'avenir, on ne sera plus obligé, dans les
classes supérieures, de consacrer plusieurs années aux éléments de l'instruction; au contraire, on pourra y faire des progrès rapides et
y acquérir des connaissances importantes. »

Un semblable rapport combla Pestalozzi de
joie, mais il le surexcita tellement qu'après les
journées fatigantes passées dans son école,

il consacrait ses nuits à écrire le résultat de ses
expériences. Ses forces s'épuisèrent bientôt, et
quatre mois après la visite de la commission,
un violent mal de poitrine, causé surtout par les
exercices verbaux qu'il faisait faire à ses élèves,
l'obligea à renoncer aux fonctions qu'il remplissait depuis un an dans cette petite école avec
un zèle, un dévoûment, une exactitude et un
désintéressement à toute épreuve.

Depuis que Pestalozzi avait abandonné son
projet de former une école-modèle dans les
cantons de Zurich et d'Argovie pour aller au
secours des orphelins de Stanz, un de ses amis,
nommé Fischer, avait donné suite à cette belle
pensée, et avait obtenu du ministre de l'instruction publique, Stapfer, dont il était le secrétaire, l'autorisation de fonder à Berthoud l'établissement projeté par Pestalozzi. Il avait même
fréquemment visité celui-ci pendant ses essais
de Stanz, où il avait étudié les principes que son
ami mettait en usage, et il nous reste de lui une
lettre [1] qu'il écrivit alors à son ami Steihmuller,
dans laquelle il expose très-exactement les
principes qui déjà, à cette époque, formaient la

1. Cette lettre, très-intéressante, termine le premier chapitre de
l'ouvrage intitulé : *Comment Gertrude élève ses enfants.*

base du système d'instruction de Pestalozzi.

Le gouvernement helvétique lui avait abandonné le château de Berthoud, qui avait jusqu'alors servi de résidence au bailli du cercle; mais le séjour des armées étrangères avait tellement épuisé les finances de la Suisse, que le Directoire différait de mois en mois à remettre à Fischer des fonds nécessaires à l'exécution de son plan, que les malheurs de la guerre vinrent déranger tout à fait.

La Suisse était devenue le théâtre de combats meurtriers entre les Austro-Russes et les Français. Dans le canton d'Appenzell, d'anciens conflits existaient entre les protestants et les catholiques, et déjà ils avaient nécessité la séparation de ce canton en deux Rhodes. La présence des armées qui soutenaient chacune un parti différent, ranima les dissensions religieuses à la suite desquelles vingt-huit enfants de la religion protestante se trouvèrent complétement privés de famille.

Le canton était trop pauvre pour venir à leur secours; mais le gouvernement ne les abandonna pas. Il donna ordre à Fischer de les recevoir dans le château de Berthoud, où ils arrivèrent, après de grandes fatigues, sous la

conduite d'Herman Krusi, maître d'école du
village de Gais, qui s'était dévoué pour servir
de père à tous ces malheureux enfants. Fischer,
qui manquait d'argent, ne put'en recevoir que
quelques-uns; il plaça les autres chez des personnes charitables de la ville, qui se chargèrent
de les nourrir et de les loger. Mais il les réunis-
sait tous les jours au château, où il s'occupait,
de concert avec Krusi, de leur donner quelque
instruction.

Ce fut dans ces entrefaites que Pestalozzi arriva à Berthoud. Ses fréquents rapports avec
Fischer lui firent bientôt connaître Krusi, qui
vint à son tour le visiter dans sa petite école.
La communauté de leurs vues sur l'éducation
et l'instruction; la ressemblance des moyens
qu'ils mettaient en usage, amena bientôt des
relations plus intimes; et lorsque Fischer mourut, dans un voyage qu'il fit à Berne poùr pres-
ser l'accomplissement des promesses qui lui
avaient été faites, Pestalozzi, malgré le mauvais
état de sa santé, proposa à Krusi de réunir
leurs efforts pour réaliser le projet d'institut normal qu'il avait conçu d'abord, et que la mort de
Fischer lui permettait de reprendre.

Les orphelins d'Appenzell devaient former le

noyau de cet institut pour l'établissement duquel il obtint facilement du Directoire la jouissance du château ; mais il fallait de l'argent pour le réparer, pour le meubler ; il en fallait pour payer des professeurs, et le gouvernement ne pouvait pas en donner. Krusi ne possédait rien, Pestalozzi était pauvre et très-obéré ; ce fut alors qu'il conçut la pensée de recevoir des enfants des classes aisées, dont le prix de pension pourrait lui permettre d'élever gratuitement les pauvres auxquels il voulait toujours consacrer ses soins généreux.

Dès qu'il eut fait connaître ses intentions, les élèves riches lui arrivèrent de toutes parts ; les résultats surprenants qu'il avait obtenus avec des enfants des classes inférieures de la société, avaient eu un tel retentissement, qu'on se trouvait heureux qu'il prît cette détermination. On commençait à comprendre que la nature n'admettant aucune différence parmi les hommes, leurs facultés devaient se développer dans chacun d'eux d'après des lois uniformes. Les membres du gouvernement, dont le siége était à Berne, furent des premiers à confier leurs fils à Pestalozzi, avec lequel, d'ailleurs, ils avaient presque tous des rapports d'amitié. Les parents

lui avancèrent des fonds, et grâce à ces ressources, il entra dans une ère toute nouvelle en
fondant l'institut de Berthoud.

Jusqu'alors, en effet, Pestalozzi n'avait porté
ses vues que sur les classes pauvres de la société, et il avait pu, avec son cœur et ses faibles
connaissances, diriger seul les nombreux enfants plongés dans la plus profonde ignorance.
Mais, à Berthoud, le but n'était plus le même,
les enfants y arrivaient avec des connaissances
acquises très-différentes : il fallait prendre des
professeurs, augmenter le nombre des enseignements, en étendre le cercle. Pour cela des
aides lui devinrent nécessaires : Krusi fit venir
de Bâle son ami Tobler ; celui-ci, à son tour,
appela Buss, de Tubingen ; un compatriote de
Tobler, le pasteur Jean Niederer [1], fut invité à se
joindre à eux, et Naëf, vieux soldat, vint augmenter le nombre des collaborateurs avec lesquels Pestalozzi fonda cet institut de Berthoud,
dont la réputation devait bientôt devenir euro-
péenne.

Mais ce qui contribua surtout à attirer sur

1. On peut consulter l'ouvrage de Pestalozzi : *Comment Gertrude* , etc., pour connaître la biographie de ses principaux collaborateurs.

Pestalozzi l'attention de tous les amis de l'éducation, ce fut l'exposé de ses principes pédagogiques qu'il consigna dans une série de lettres adressées à Gessner, et qu'il publia le 1er janvier 1801, sous le titre original de *Comment Gertrude élève ses enfants*. Ce livre important fut bientôt dans toutes les mains. Il traçait une route tellement nouvelle à l'art de l'éducation ; il attaquait si vigoureusement la routine, qu'il causa une profonde sensation dans les pays allemands, où il jouit encore d'une immense réputation, avec cette différence seulement, dit un des historiens de Pestalozzi, que lors de son apparition on critiquait beaucoup ce livre, on le louait peu, tandis qu'aujourd'hui on le loue beaucoup, et on ne le critique presque plus.

Chacun voulut connaître l'auteur d'un livre si remarquable pour l'époque à laquelle il fut écrit, chacun voulait voir comment il appliquait ses principes, et constater les résultats. On venait à Berthoud de toutes parts, et les visiteurs, émerveillés, rentraient chez eux et prônaient partout l'excellence de ce système. Quelques-uns même, ardents apôtres de la méthode, voulaient s'associer à l'œuvre de Pestalozzi, en professant sous ses ordres. Au nombre de ces derniers il faut citer MM. Ladomus, Barraud, de Grüner, de Turck, et un grand nombre d'autres personnes qui ont, depuis cette époque, rendu de grands services à la cause de l'éducation.

Les gouvernements ne restaient pas en arrière de ce mouvement : le général Ney, ambassadeur de France à Berne, faisait de fréquentes visites à l'institut de Berthoud, où il partageait l'admiration de tous ceux qui l'avaient devancé. Il en rendit compte au premier consul, et sur la demande de ce dernier, il obtint de Pestalozzi que l'un de ses professeurs, M. Naëf, se ait envoyé à Paris pour tenter d'introduire en France un système qui produisait de si beaux résultats. D'un autre côté, le Danemark, la Bavière, la Prusse, le Hanovre, un grand nombre d'États secondaires de l'Allemagne, envoyèrent à Berthoud des instituteurs sages, intelligents, capables d'apprécier ces moyens nouveaux. Leur enthousiasme fut général, et ils retournèrent auprès de leurs gouvernements respectifs, où par leurs paroles, leurs actes, leurs écrits, ils parvinrent à introduire les principes qui faisaient la base de la méthode [1].

1. Voyez le chapitre intitulé : *Propagation du Système*.

De son côté, le Directoire helvétique ne perdait pas de vue les travaux de Pestalozzi, et il prenait un bien vif intérêt à la prospérité de son établissement. Mais avant de prendre une résolution sur le parti qu'on pourrait en retirer dans l'intérêt du pays entier, il délégua, en 1802, M. le doyen Ith, président du conseil d'éducation de Berne, et l'apothicaire Bentely, pour visiter l'institut de Berthoud et pour faire un rapport à la suite de l'examen auquel ils devaient se livrer.

Ce rapport, qui fut publié peu de temps après, et qui reste encore à la tête de tout ce que l'on a écrit en faveur de la méthode de Pestalozzi, produisit une profonde sensation, quoiqu'on ne pût alors concevoir que des espérances sur les résultats d'une méthode qui n'était pas encore arrêtée, même dans l'esprit de Pestalozzi. Quoiqu'un temps très-court se fût écoulé depuis l'ouverture de l'institut, les résultats obtenus furent tellement satisfaisants, que les auteurs du rapport n'hésitèrent pas à exprimer la conviction profonde que Pestalozzi avait enfin trouvé les lois incontestables de l'instruction élémentaire ; qu'elles étaient généralement admissibles, et que le gouvernement devait prendre l'institut

11.

sous sa protection, et l'élever au rang d'*École Normale*, pour répandre les bienfaits de cette méthode dans la Suisse tout entière.

Ces propositions furent accueillies favorablement par le gouvernement helvétique, et malgré le mauvais état des finances, il déclara que l'institut de Berthoud devenait l'École Normale de la nation, sous la direction de Pestalozzi. On assura un traitement fixe de vingt-cinq louis à Krusi et à Buss, qui lui étaient conservés comme professeurs; on arrêta que chaque mois douze maîtres d'école viendraient successivement des divers cantons de la Suisse pour étudier la méthode, et qu'on y admettrait tous les jeunes gens qui voudraient se livrer à la carrière de l'enseignement; enfin, on lui accorda un privilége exclusif pour éditer ses livres élémentaires, qui furent imprimés aux frais du gouvernement, afin de les introduire dans toutes les écoles primaires. On étendit en outre le privilége de l'auteur jusqu'à dix ans après sa mort.

Tous les vœux de Pestalozzi étaient réalisés; les mesures qu'on venait de prendre ne lui laissaient aucun doute sur la réussite de l'œuvre à laquelle il avait consacré son existence; il allait enfin tarir les sources de la misère du peuple,

et le gouvernement lui accordait son appui. Il
s'empressa donc de donner à son établissement
une plus grande extension, afin de répondre
autant qu'il le pouvait aux vues du gouvernement. Il dirigeait tous ses efforts vers ce but,
lorsqu'un nouvel événement politique vint ren-
verser ses plus chères espérances.

Après le départ de l'armée française, les partis suisses s'assaillirent et se combattirent avec
une grande fureur; la guerre civile éclata entre
ceux qui voulaient rétablir ce que la révolution
avait aboli, et ceux qui voulaient maintenir les
libertés qui en avaient été la conséquence. En
deux ans le gouvernement avait changé quatre
fois, et à la suite de la scission qui s'était opé-
rée entre les cantons de la Suisse pour l'accep-
tation de la Constitution proclamée à Berne, le
3 juillet 1802, le nouveau gouvernement avait
vu battre ses troupes. Le 2 septembre il s'adressait au gouvernement français pour solliciter sa
médiation et ses bons offices. Bonaparte répondit par une proclamation qui fit suspendre les
hostilités, et qui convoquait à Paris une *Con-
sulta* suisse pour lui faire connaître les moyens
de ramener l'union, la tranquillité, et de conci-
lier tous les partis.

Cinquante-six députés furent choisis par le Sénat, les cantons et les villes, pour aller conférer à Paris sur les besoins politiques de la Suisse. Pestalozzi eut l'honneur d'être désigné par deux cantons, Berne et Zurich, pour représenter leurs opinions libérales. Il opta pour son pays natal, et publia avant son départ une brochure politique[1], où il exprime librement ses vues sur l'état du pays, et sur les moyens de l'améliorer. Ce travail, dans lequel il combattait les tendances rétrogrades, lui attira l'inimitié de la vieille aristocratie, qui se montra dès lors complétement opposée à son établissement d'éducation.

Il vint à Paris le 20 frimaire an XI; il entra aussitôt en rapports, ainsi que ses collègues, avec les citoyens Barthélemy, Desmeuniers, Fouché et Rœderer, qui avaient été chargés de recueillir leurs opinions, d'étudier leurs intérêts, d'accueillir leurs vues, et qui devaient leur servir d'intermédiaires auprès du premier consul. La loyauté de Pestalozzi, sa candide confiance, étaient mal à l'aise au milieu des intrigues du parti aristocratique; ses idées d'une réforme basée sur l'éducation publique obte-

1. *Ansichten*, etc., brochure in-8° de 59 pages. — Berne, Henri Gessner, 1802.

naient peu de sympathie de la part des commissaires de Napoléon. Celui-ci déclara même
qu'il ne voulait pas descendre à des questions
d'*A, B, C;* et Pestalozzi, découragé, n'attendit
pas même la fin des conférences. Il rentra en
Suisse, avec neuf de ses collègues, complète-
ment dégoûté de la carrière politique, et il revint à son institut en ramenant avec lui M. de
Muralt qui, séduit par ses doctrines pédagogiques, quitta Paris pour venir le seconder à Berthoud.

L'acte de médiation qui rétablissait en Suisse
le système cantonal, fut signé le 19 février
1803, et le fédéralisme remplaça le gouvernement central, qui pouvait seul accomplir les
promesses qu'on avait faites à Pestalozzi. Les
députés envoyés par les cantons à la Diète de
1803, ne voyaient plus dans l'établissement de
Berthoud que l'entreprise d'un particulier, qui
méritait tout au plus l'intérêt du canton de
Berne, dans lequel il était situé. Les uns n'a-
vaient pas reçu d'instructions de la part de leurs
gouvernements ; les autres se bornaient à le recommander à l'attention de la Diète ; mais aucune mesure ne fut prise pour réaliser la belle
pensée du gouvernement helvétique, qui voulait

fonder l'unité dans l'instruction populaire, par
la création d'une seule École Normale pour
la Suisse tout entière ; qui voulait par le concours des élèves de cet établissement, et à l'aide
de bons livres élémentaires, répandre la lumière et la moralité jusque dans les chaumières
les plus humbles, jusque dans les vallées les
plus reculées. Cependant quelques gouvernements isolés lui
vinrent en aide. Argovie et Lucerne cherchèrent à soutenir son institut; Zurich, sa patrie,
mit à sa disposition une somme de mille francs;
mais le gouvernement de Berne, sur lequel surtout il aurait dû pouvoir s'appuyer, puisqu'il
existait sur son territoire, le gouvernement de
Berne resta complétement indifférent. Le doyen
Ith lui-même, qui était l'un de ses plus chauds
partisans, fut obligé, par sa position de chef de
l'Église, de sacrifier ses convictions à l'opinion
dominante ; et comme le canton venait d'être
divisé en districts, et que Berthoud était le chef-
lieu de l'un d'eux, on renvoya Pestalozzi et son
institut du château, qui devait servir de résidence au nouveau Bailli. Ainsi, non-seulement
Pestalozzi dut renoncer aux avantages que lui
avait assurés le gouvernement helvétique, et à

l'espoir de voir son entreprise devenir nationale ; mais encore il fut réduit à la triste nécessité d'abandonner le berceau d'une œuvre qui lui était si chère, et de recommencer de nouveaux efforts pour réorganiser un nouvel institut.

Le gouvernement aristocratique du canton de Berne ne pouvait cependant pas laisser tomber, aux yeux de toute la Suisse, un institut aussi florissant que celui de Pestalozzi. Sans admettre d'une manière absolue la nécessité d'un établissement qui avait surtout en vue l'éducation des classes pauvres, il ne pouvait refuser de donner un témoignage de sympathie à un homme aussi important que son chef. Prenant en considération l'impossibilité dans laquelle se trouverait un simple particulier pour conduire à bonne fin une œuvre aussi dispendieuse, si l'on ne venait à son secours, il offrit gratuitement à Pestalozzi l'ancien couvent de Munchen-Buchsée en échange du château de Berthoud, qu'il n'avait jamais occupé qu'à titre de prêt, et dont il n'avait jamais songé à se garantir la jouissance par des actes qu'il aurait facilement obtenus de l'ancien Directoire.

Le couvent était bien situé, spacieux, en-

touré de jardins, isolé au milieu des habitations
champêtres d'un village. La maison reçut, aux
frais du gouvernement, toutes les réparations
qui pouvaient en rendre l'habitation commode,
agréable et salubre, de telle sorte qu'au milieu
des circonstances fâcheuses où il se trouvait,
Pestalozzi se montra fort reconnaissant envers
le gouvernement de Berne, et très-heureux encore de trouver un refuge convenable pour
continuer l'œuvre de sa vie entière. Il quitta
Berthoud le 22 août 1804, et vint habiter Munchen-Buchsée avec ses collaborateurs et ses
disciples.

Dans cette période de quatre années pendant
lesquelles Pestalozzi s'était adjoint des collaborateurs pour la direction de son Institut, il avait
montré une profonde incapacité pour gouverner
sa maison, et une incroyable faiblesse pour diriger les études vers le but qu'il se proposait
d'atteindre; il gâtait ses professeurs par des
louanges outrées, il exaltait le talent, la capacité d'hommes tout à fait incapables et propres
tout au plus à remplir les fonctions de maître
d'école de village; il acceptait toutes les direc-
tions, tous les conseils. « Cela en vint bientôt
au point, dit-il dans un de ses ouvrages, que

quiconque s'asseyait à ma table était faire dans
mon établissement ce qui lui paraissait être le
mieux, et je ne sentais presque pas combien ce
mépris de mes vues paternelles pouvait exercer
d'influence tôt ou tard sur le personnel qui m'entourait [1]. »

Il abandonnait même la rédaction de ses livres
élémentaires à des hommes dévoués mais complétement hors d'état de rendre ses pensées ou
de les appliquer d'une manière conforme à ses
idées. C'est ainsi qu'il avoue lui-même que le
Livre des Mères portait plutôt dans sa préface
que dans son exécution le cachet des vues qu'il
avait alors sur l'éducation.

Il s'occupait aussi fort peu de l'administration
économique de sa maison, qui était ainsi aban-
donnée à la plus grande imprévoyance. Son
cœur le portait constamment à admettre plus
d'enfants pauvres que ses moyens ne le lui permettaient ; d'après le témoignage d'un magistrat,
dans l'année 1802, la sixième partie environ des
élèves vivait aux frais de l'établissement, et ses
ressources étaient si faibles à cette époque qu'il
n'aurait pas pu quitter Berthoud, si des amis et
entre autres M. de Bricqueville n'étaient venus à

1. *Lebensschicksale*, page 6.

son secours. Mais en revanche il passait tout son
temps au milieu des maîtres et de ses écoliers
dont il était le père et l'ami, il se fatiguait toute
la journée à donner lui-même des leçons, et il
éprouvait une profonde joie intérieure lorsqu'il
apercevait ou qu'il croyait apercevoir une amélioration, et il préférait à toutes les paroles de
louanges sur la science et les travaux de ses élèves, le témoignage d'un simple paysan qui lui
disait qu'on trouvait dans son institut l'esprit
d'une famille plutôt que l'esprit d'une école.

Aussi dès que l'on apprit que l'établissement allait être transporté à Munchen-Buchsée
qui n'était éloigné que d'un quart de lieue
d'Hofwyl où résidait M. Emmanuel de Fellenberg, il vint dans la pensée de quelques-uns
des collaborateurs de Pestalozzi qu'il n'y avait
personne au monde de plus capable que M. de
Fellenberg de prendre la direction du nouvel institut. Ils s'ouvrirent secrètement à lui, à
l'insu de Pestalozzi, et ils le trouvèrent prêt à
soutenir de tous ses moyens une entreprise au
succès de laquelle il paraissait porter le plus vif
intérêt [1].

---

[1]. Il existe des documents nombreux et inédits sur la vie de Pestalozzi à cette époque, et sur ses rapports avec M. de Fellenberg.

On chercha à éloigner Pestalozzi en lui faisant
entendre qu'il devait songer à la publication
de son système pédagogique, on lui persuada
qu'il se procurerait ainsi une vie paisible et indépendante, on lui adjoignit à cet effet Krusi
et Niederer, qu'on voulait aussi éloigner de
l'institut, enfin on lui fit signer un traité qui ne
lui fut jamais remis et qui fut conservé par M. de
Fellenberg. Ce fut ainsi que l'institut de Munchen-Buchsée fut mis sous la direction de ce
dernier en conservant le nom de Pestalozzi,
« non pas, dit celui-ci, contre ma volonté, mais
à ma plus profonde mortification [1]. »

Sa correspondance avec ce dernier est tellement volumineuse qu'il
nous a été impossible d'en faire même des extraits. Ces pièces seront
probablement mises sous les yeux du public dans un avenir peu
éloigné.

Parmi ces documents, il existe un journal (*Tagbuch*) écrit jour par
jour suivant les habitudes allemandes par MM. de Muralt et Tobler,
qui avaient contribué activement à écarter Pestalozzi de l'institut
de Munchen-Buchsée pour s'attacher à M. de Fellenberg. Nous em-
prunterons quelques citations à ce recueil intéressant pour justifier
certains faits qui pourraient paraître peu probables.

1. *Lebensschicksale*, page 9. Voici en outre comment Pestalozzi
s'exprimait sur ce changement de direction dans sa *Revue rétrospective sur l'année 1804*, adressée à M. de Fellenberg, et dont nous
parlerons plus loin, page 144. « Aussitôt que quelques-uns de mes
amis et de mes collaborateurs m'ont fait voir qu'ils seraient bien
aises que mon établissement fût confié entre vos mains, et que vous
seriez plus en état que moi de le diriger ; aussitôt que cette opinion

Pendant que les choses se passaient ainsi à
Munchen-Buchsée, plusieurs villes de Suisse qui
avaient eu connaissance de l'obligation où avait
été Pestalozzi de quitter Berthoud, s'empressaient
de lui offrir asile pour lui et pour ses enfants.
Parmi elles on distinguait Rolle, Payerne, et
surtout la ville d'Yverdon dans laquelle deux des
professeurs de Berthoud, MM. Buss et Barraud,
s'étaient retirés pour y fonder un institut d'après
les principes de leur maître; mais Pestalozzi ne
voulait prendre part à cet essai que jusqu'au
moment où leur entreprise aurait réussi. Il
voulait alors se rendre à Payerne pour y élever

a été exprimée, je n'ai plus eu d'opinion personnelle; j'ai déposé de
mes mains dans les vôtres l'enfant de mon cœur, le seul que je pos-
sedais; il est vrai que j'ai accompli cet acte avec une profonde douleur, mais avec résignation. Cette douleur a encore été augmentée
par l'éloignement de ma famille, à qui le succès de mon établissement avait donné de grandes espérances. Maintenant, j'ai renvoyé
les miens dans leur intérieur (Heimath), et tout cet espoir est
anéanti. — Tous ceux qui ont eu connaissance de ces débats pourront témoigner que je n'ai rien cherché ni pour moi ni pour les
miens, et que j'étais prêt à tous les sacrifices qui pourraient être
utiles à l'établissement; il est en même temps prouvé que depuis
cette époque, j'ai tout fait dans l'intérêt de l'Institut de Munchen-
Buchsée. Quand il s'agit de générosité, je suis sur mon terrain, et
personne ne me surpassera. Tout ce que notre but demande m'est
sacré et me restera toujours sacré, même lorsque cela peut m'être
personnellement défavorable. » *Revue rétrospective*, pages 8 et 9 du
manuscrit.

avec Krusi un établissement d'éducation pour les femmes.

Cette ville faisait en effet à Pestalozzi des offres fort avantageuses pour l'attirer dans son sein. Indépendamment du château qu'on lui offrait pour demeure, après l'avoir approprié selon ses vues, on lui assurait une pension annuelle de cent louis d'or, le droit de Bourgeoisie et une foule d'autres avantages.

Ces offres étaient aussi avantageuses qu'honorables, mais la ville d'Yverdon disait à Pestalozzi qu'elle voulait et qu'elle pouvait faire tout ce qu'une autre localité pourrait lui offrir. D'un autre côté, le château de cette ville était plus convenable que celui de Payerne pour la fondation d'un Institut; en outre plusieurs membres du gouvernement du pays du Vaud parmi lesquels on distinguait M. le général de La Harpe avec qui il avait toujours conservé des relations intimes, vinrent l'engager à s'établir à Yverdon à cause de la proximité de Lausanne; enfin le désir de propager sa méthode dans un pays où l'on parlait français, le décidèrent à se fixer à Yverdon, à la condition que le château lui serait abandonné sa vie durant, et que la ville soutiendrait son entreprise. La municipalité entra alors en arran-

12.

gement avec le gouvernement cantonal, à qui
le château appartenait et qui en fit volontiers
l'abandon afin d'aider autant qu'il était en son
pouvoir la translation de l'institut de Pestalozzi
sur le territoire Vaudois.

Quoique Fellenberg fût l'un des plus anciens
amis de Pestalozzi, les moyens que le premier
avait employés pour se substituer au second
avaient jeté entre eux des causes sérieuses de
désunion[1], mais on fut loin de les faire paraître;
au contraire, on disait hautement « que le déplacement de l'institut de Berthoud aurait eu des
suites fâcheuses si la plus heureuse des circonstances n'avait pas rapproché l'institut du séjour
d'un homme fait pour élever au plus haut degré

1. Les apparences extérieures furent si bien ménagées qu'il est
nécessaire de citer ici, à l'appui de ce que nous avançons, un passage
du *journal* écrit tout entier de la main de M. de Muralt, dont le témoignage ne peut être suspect.

« Dès l'origine, Pestalozzi a été très-blessé de ce qu'on l'a éloigné
de son institut, où il est sans action et sans influence. Ce serrement
de cœur (Beklemung) l'a mis dans une position qui est très-nui-
sible à l'établissement. Les professeurs de Fellenberg l'oppriment et
le maltraitent. Cela me fait une peine inexprimable, et en me re-
pliant sur moi-même, je me trouve mal à l'aise; je vois que Fellenberg pèse trop sur son dos; que les professeurs sont peu attachés à
l'établissement, et que les membres qui l'ont soutenu jusqu'alors
(Sœur de Krusi, de Turck, etc.) sont tout à fait mécontents. Il y a
quinze jours, à peu près, qu'il y a eu une explosion : Fellenberg a
déclaré qu'il ne pouvait plus continuer ainsi, qu'il risquait de réduire

un établissement d'éducation livré à lui-même.»
On ajoutait « que la proximité d'Hofwyl, siége
de l'agronome M. de Fellenberg, faisait présager
de nouveaux succès. Les vues de ces deux
hommes marquants dans l'histoire moderne de
la Suisse se ressemblaient trop sous divers
rapports pour qu'il ne dût pas en résulter un
rapprochement ; l'un voulait mettre les hommes
en toute valeur, l'autre les terres ; et tous deux
pensaient à soulager les peuples. Ils se donne-
ront la main ; c'est-à-dire que l'agriculture
assistée des arts mécaniques se réunit à l'instruction pour former une génération sage et
laborieuse. »

Cependant l'union qui devait résulter de ce

sa famille à la misère et d'anéantir ses plans d'éducation..... Pestalozzi était humilié et chagrin de ces paroles. Fellenberg est devenu
très-dur ; il a repoussé Pestalozzi, et il y a eu une scène horrible
dans le bosquet de Wylhof (petite maison dans le jardin). Fellenberg se montrait là sous un jour peu avantageux, il paraissait animé
de passions vives, pleines d'égoïsme et d'orgueil. Niederer et moi
avons employé tous les moyens imaginables pour le calmer et le rendre plus maniable ; mais le lendemain, Fellenberg a déclaré qu'il se
retirait et qu'il rendait l'établissement à Pestalozzi. Ce dernier était
tout à fait étonné, et dans sa colère de la conduite de Fellenberg, il
était très-décidé à reprendre l'institut, et il voulait de suite rappeler
madame Pestalozzi (plus tard madame Kuster). Mais nous avons cru
voir des obstacles insurmontables. Depuis quelques jours, il règne
une espèce de mécontentement réciproque ; de part et d'autre on
s'est déclaré très-hostile. » (Tagbuch, 24 septembre 1804.)

rapprochement n'était qu'apparente. Nous avons
vu qu'on avait cherché à écarter Pestalozzi de
son institut; mais comme on avait besoin de son
nom, on annonça que « Pestalozzi conservait
l'inspection générale et supérieure sur tout ce
qui a du rapport à l'enseignement, et que le
temps qu'il n'était pas appelé à donner à cette
partie il le consacrait à perfectionner l'application de sa méthode et à terminer ses livres
élémentaires. Quant au reste, il en a confié la
direction à des hommes auxquels il avoue hautement qu'il est redevable de ses succès [1]. »

Mais si Pestalozzi ne s'était pas montré sen-
sible à ces mesures qui le touchaient personnellement, il est un point qui l'avait surtout blessé
profondément. En prenant l'institut de Berthoud, et d'accord en cela avec M. de Muralt
dont les idées aristocratiques s'accordaient admirablement avec les siennes, M. de Fellenberg
avait bien voulu se charger des enfants riches,
mais il ne voulait pas entendre parler des enfants pauvres et il les avait entièrement séparés
des premiers [2]. On comprend combien cette dif-

1. On fait ici allusion à ce que Pestalozzi dit sur quelques-uns de
ses collaborateurs dans un des chapitres de : *Comment Gertrude
élève ses enfants.*

2. En s'emparant de l'institut de Berthoud, Fellenberg ne parais-

férence de soins devait faire saigner le cœur de
Pestalozzi, dont nous connaissons le profond
amour pour les classes malheureuses. Il sentit
dès lors qu'il ne pourrait pas se soumettre à
une influence qui pouvait ainsi contrarier ses
sentiments les plus intimes.

Il quitta donc Munchen-Buchsée le 18 octobre 1804, après avoir adressé à ses enfants et
à ses maîtres des adieux touchants, et il vint à
Yverdon sans savoir ce qu'il deviendrait; il était
tellement déhué de ressources, que lorsqu'il ar-

sait pas encore animé des sentiments qui, plus tard, lui ont fait une
réputation de philanthropie. Il paraîtrait même qu'à cette époque de
lutte entre le principe aristocratique et le principe démocratique, la
noblesse bernoise, dont Fellenberg était l'un des membres influents,
avait un intérêt à s'emparer de l'établissement de Berthoud et à éloigner Pestalozzi, dont les tendances politiques étaient parfaitement
connues. Nous trouvons une preuve de ces menées dans le journal de
MM. de Muralt et Tobler, sous la date du 20 février 1805. Cet extrait
est ainsi conçu :

« Fellenberg reçoit les lettres les plus amicales de M. de Muttach
de Freutenreich, de Fellenberg (un de ses parents) et de Tscharner,
qui lui font espérer qu'ils pourront tout faire pour lui s'il parvient
à mettre le nom de Pestalozzi tout à fait de côté, de manière qu'il
n'en soit plus question. Pestalozzi s'est attiré le dégoût de tous les
honnêtes gens par ses principes démocratiques (*democratismus*),
par son peu de prévoyance des affaires de l'avenir, par son activité et
par sa personne négligée. Aussitôt que l'établissement ne présentera
plus ces caractères, et qu'il ne sera plus une pépinière de la démo-
cratie, Fellenberg peut compter sur la bienveillance et sur tous les
secours de ces messieurs. » (*Tagbuch.*)

riva dans cette ville, il fut obligé de se loger
avec Krusi et Niederer dans une même chambre,
qui leur servait à la fois de cabinet de travail et
de chambre à coucher commune ; ce fut dans
ces circonstances qu'il reçut du roi de Danemark cent louis d'or, que ce monarque le pria
d'accepter en reconnaissance de l'hospitalité
qu'il avait offerte à deux savants danois [1] qui
avaient reçu mission de leur gouvernement d'é-
tudier sa méthode, à Berthoud. Mais quelque
pressants que fussent ses besoins personnels, sa
première pensée fut pour ses pauvres, que Fellenberg avait conservés avec répugnance ; il les
fit venir auprès de lui et les plaça chez Buss et
Barraud, qui jetaient alors à Yverdon les fondements d'un institut pestalozzien. Pendant ce
temps, l'institut de Munchen-Buchsée marchait
toujours, sous la direction de Tobler et de Muralt pour tout ce qui concernait l'application de
la méthode, et sous celle de Fellenberg pour
tout ce qui était relatif à la gestion économique.

Mais l'influence de ce dernier se fit bientôt
sentir dans tout l'institut : il était parvenu à y
introduire plus d'ordre, plus de travail et une

1. MM. Torlitz et Strohm.

bien plus grande régularité ; mais les maîtres et
les élèves regrettaient Pestalozzi, ce n'était plus
cet amour, cette ardeur, dont tous les cœurs
étaient embrasés à Berthoud et qui avaient
procuré tant de bonheur. Fellenberg avait de
l'esprit et une profonde intelligence, Pestalozzi
était tout amour et tout cœur ; le premier voulait agir en maître, il était emporté, il prenait
des mesures énergiques et faisait tout plier sous
sa volonté ; le second, au contraire, agissait
comme un ami et un père : aussi tous les maîtres
comparaient le présent au passé, et ils regrettaient cette direction paternelle, cet amour vivi-
fiant qui les avait rendus si heureux.

Il s'éleva sous cette direction des difficultés
telles, que les maîtres exprimèrent avec vivacité
le désir de voir changer leur position ; mais ils ne
pouvaient pas espérer que l'établissement pût
redevenir indépendant de Fellenberg, même si
Pestalozzi voulait et pouvait en reprendre la
direction ; ils en conférèrent avec ce dernier,
et comme il venait de conclure avec la ville
d'Yverdon, il se décida à venir reprendre son
institut à Munchen-Buchsée.

Au nouvel an de 1805, Pestalozzi avait écrit
une revue rétrospective sur l'institut de Ber-

thoud, et il l'avait envoyée aux professeurs de
Munchen-Buchsée. Dans cet écrit [1] il racontait
les intrigues que Tobler, de Muralt et de Fellenberg avaient mises en usage pour le dé-
posséder de son établissement. Ces vérités con-
tribuèrent à ramener à sa cause une partie des
professeurs qui s'étaient laissé entraîner sans
avoir connaissance des menées qu'on avait employées; mais, d'un autre côté, ceux dont cet
écrit dévoilait la conduite en furent cruellement
blessés, et M. de Fellenberg ne crut plus devoir garder aucune mesure avec Pestalozzi.

On comprend alors comment, lorsqu'en juin
1805 celui-ci vint reprendre à Munchen-Buchsée l'institut qu'il y avait laissé, M. de Fellenberg s'opposa juridiquement à cet enlèvement
jusqu'à ce qu'on lui eût payé ce que Pestalozzi
ne croyait pas lui devoir. Il y eut alors entre
ces deux amis des correspondances très-vives [2],
et même des scènes tellement violentes que
dans l'une d'elles où M. de Fellenberg s'oppo-

1. Ce manuscrit, qui contient une *revue rétrospective de l'année*
1804 qui fut adressée à M. de Fellenberg et à ses collaborateurs,
au 1er janvier 1805, est placé sous nos yeux ; il a été copié en entier
par M. de Muralt jeune.
2. Leurs entrevues, leurs lettres et leurs rapports sont particulièrement devenus très-hostiles du 2 au 19 juin 1805.

sait à ce qu'il emportât certains effets mobiliers
à son usage, Pestalozzi quitta ses souliers et les
lui offrit, en lui disant que s'il voulait les retenir aussi cela ne l'empêcherait pas de quitter
Munchen-Buchsée et de traverser en plein soleil
la ville de Berne, pieds nus, avec ses maîtres et
ses élèves qu'il conduisait à Yverdon.

Ce fut dans ces dispositions qu'on se sépara.

NOTE.

Toutes les biographies de Pestalozzi passent plus ou moins sous silence l'histoire de l'institut d'Yverdon, qui occupe cependant un espace de vingt années dans la vie de son fondateur et qui, plus qu'aucun des autres établissements, dont nous avons parlé jusqu'ici, a contribué à faire connaître et à répandre le système de Pestalozzi.

J'ai cherché à combler cette lacune importante ; et si j'ai donné beaucoup d'étendue à cette partie de mon œuvre, si j'ai pénétré si avant dans l'intérieur de cette maison, c'est autant pour prouver que sa chute n'a pas été le résultat des doctrines pédagogiques de Pestalozzi, que pour rétablir dans leur vérité bien des faits dénaturés par l'envie, l'intérêt personnel, ou la passion [1].

Indépendamment des ouvrages imprimés de Pestalozzi et de ses principaux collaborateurs, j'ai consulté avec un soin scrupuleux, pour écrire ces chapitres, 1° des documents précieux conservés par mon père, l'un des amis et des disciples de l'homme illustre dont j'écris l'histoire; 2° des manuscrits importants dont j'ai dû communication soit aux héritiers de Pestalozzi, soit à ceux de M. Boniface, soit enfin à MM. Jullien de Paris et Morin qui ont bien voulu m'aider de leurs souvenirs, de leurs notes et de leurs correspondances.

[1] Voici le jugement porté par la commission de l'Académie sur cette partie de notre travail :

« L'histoire de cette agonie de dix ans est pleine d'instruction et d'intérêt ; elle est tracée avec une vive sympathie par l'auteur du mémoire n° 9. On s'associe à sa douleur, sans partager quelquefois les motifs qui l'animent, et l'on ressent un intérêt que la chaleur de son écrit rend très-attachant. On voit par ce tableau qu'il ne suffit pas d'aimer l'humanité pour lui être utile ; il faut encore lui imposer le joug salutaire de l'ordre, de la foi et de la discipline pour la conduire à bien. » (*Rapport de M. Giraud*, p. 479.)

CHAPITRE VI.

1803 à 1815.

YVERDON.

De la fondation de l'institut à la mort de madame Pestalozzi.

La ville d'Yverdon était tellement pressée de
posséder un institut qui devait être pour elle
une source de grands revenus, qu'elle avait
appelé Pestalozzi avant que le château fût disposé pour le recevoir. Ce monument imposant
servait encore, dans quelques-unes de ses parties, à loger les prisonniers de la ville, et l'on
fut obligé, en attendant l'achèvement de la con-
struction des prisons que l'on dut bâtir, de disposer en dortoirs la grande salle de fêtes et de
concerts qui était alors située à l'hôtel de ville,
et d'y loger les nombreux élèves que Pestalozzi
ramenait de Munchen-Buchsée.

On vit bientôt les élèves affluer de toutes
parts. L'Espagne, la Hollande, la Prusse, la
Russie, l'Italie, l'Angleterre, la France, le Wurtemberg, tous les États de l'Europe envoyèrent
successivement des élèves à l'institut, et bientôt sa réputation s'étendît si loin, qu'il en vint
même du Brésil et des États-Unis d'Amérique.

En arrivant à Yverdon, le premier soin de
Pestalozzi avait été de réunir à sa colonie les
enfants pauvres que Fellenberg n'avait pas
voulu conserver. Mais dès qu'il vit prospérer sa
maison, et quoiqu'il rencontrât une forte opposition de la part de Niederer, de M. de Muralt
et de la petite aristocratie de sa nouvelle résidence, il voulut admettre gratuitement au château un certain nombre de pensionnaires appar-
tenant aux classes indigentes la ville d'Yverdon.
C'était, aux yeux de ce digne philanthrope, le
seul moyen de justifier l'ouverture d'une pension destinée aux enfants riches. Il aurait rougi
qu'on pût penser qu'il songeât à faire le moindre bénéfice qui n'aurait pas été immédiatement employé pour venir en aide aux malheureux qu'il ne pouvait plus soutenir avec ses
propres ressources.

Cette affluence considérable nécessita une

augmentation dans le nombre des maîtres, et
la condition aisée des familles obligea Pestalozzi à augmenter le cercle des connaissances
qui devaient être professées dans son institut.
L'étude des langues étrangères, de l'algèbre,
de la tenue des livres, de la physique, de la
chimie, et d'un grand nombre d'autres connaissances dont on n'avait jamais entendu parler à
Berthoud, fut aussitôt introduite à Yverdon, et
les exigences des familles furent telles, que l'on
dut modifier profondément les principes essen-
tiels sur lesquels on avait fait jusqu'alors repo-
ser le développement des facultés de l'enfance.

Toutes ces réformes n'étaient pas trop du
goût de Pestalozzi. On ne pouvait pas lui faire
comprendre qu'au lieu de retenir les enfants
sur les éléments jusqu'à ce qu'ils se fussent
très-sûrement approprié ce qu'on leur enseignait, il fallait courir promptement au but sans
s'arrêter ; on avait peine à lui persuader qu'il
fallait enseigner la lecture à ses élèves avant
qu'on eût parfaitement développé le cercle de
leurs connaissances intuitives par des exercices
de pensées et de langage. Mais il était obligé
de céder aux obsessions des parents qui, ne
voyaient aucun progrès si on ne conduisait pas

13.

leurs enfants plus loin et plus vite qu'on ne
l'aurait pu faire dans les autres établissements
d'éducation.

Pestalozzi ne manquait pas seulement de
force pour résister à des changements qui trou-
blaient si profondément sa manière de voir; il
était encore complétement privé des qualités
nécessaires pour diriger un institut qui avait
atteint de semblables proportions et qu'il fallait
conduire d'une main ferme pour maintenir son
nombreux personnel dans l'accomplissement de
ses devoirs; aussi, au lieu de donner l'impulsion, était-ce lui qui la recevait. Il était fatale-
ment entraîné loin de la route qu'il voulait et
qu'il devait suivre, par l'influence alors toute
puissante de l'un de ses collaborateurs les plus
importants, M. le pasteur Niederer, qui se distinguait parmi tous ses disciples par les études
philosophiques qu'il avait faites, et qui n'avait
pas quitté Pestalozzi depuis son séjour à Berthoud.

Niederer, en effet, exploitait la réputation de
ce dernier par tous les moyens qu'il pouvait
mettre à exécution, et auxquels le faible vieillard n'apportait qu'une opposition presque ta-
cite. C'est ainsi que, non content des succès

obtenus à Yverdon, Niederer voulut répandre
partout les principes de l'institut. Il commença
(le 6 mai 1806) à publier une *feuille hebdomadaire*[1] destinée à exposer et à répandre les idées
pédagogiques de son maître et de ses collaborateurs; à enregistrer les succès et à suivre les
progrès que la méthode faisait au dehors. Ce fut
sous son influence que parut, en 1807, le *Rapport aux parents*[2], qui, comme tous les prospectus, promettait plus qu'il ne tenait. Quelques
années plus tard, il fondait à Lenzbourg, toujours sous le nom de Pestalozzi, une société
générale d'éducation, dans laquelle on annonçait à son de trompe à toutes les parties de la
terre la haute importance de la nouvelle doctrine pédagogique. Il allait plus loin : il écrivait
même les discours que Pestalozzi devait prononcer dans ces réunions[3], et cela dans des
termes tellement abstraits, tellement métaphysiques, que personne ne pouvait reconnaître
dans ce langage ampoulé et prétentieux les vues
simples de Pestalozzi et la modestie de cet
homme respectable.

1. *Wochenschrift für Menschenbildung.*
2. *Bericht and die Eltern.*
3. *Ueber die Idee der Elementarbildung.*

L'aveuglement était si profond parmi le plus
grand nombre des membres de l'institut ,
qu'on ne se bornait pas à exalter ce qui s'y
faisait ; on ·négligeait avec le plus profond dédain tout ce qui était mis en pratique en dehors
d'Yverdon, et l'on refusait de croire à l'efficacité des moyens qui étaient employés ou recom-
mandés ailleurs pour l'accomplissement du but
que s'était proposé Pestalozzi.

Ces rodomontades ne pouvaient en imposer
qu'à ceux qui n'allaient pas au fond des choses,
ou qui se laissaient aveugler par les apparences,
et elles eurent pour résultat immédiat de soulever une opposition vigoureuse contre les principes de l'institut, et des attaques violentes contre la renommée qui l'entourait. Plusieurs
journaux commencèrent à critiquer les prétentions exagérées qu'on avait mises en avant,
plusieurs instituteurs éprouvés de la Suisse qui
avaient visité l'institut d'Yverdon, et qui avaient
étudié les moyens qu'on y employait, déclarèrent que les choses n'étaient pas aussi avancées
qu'on le prétendait ou qu'on le croyait, et que
s'il y avait une supériorité incontestable dans
les résultats qui étaient proclamés, cela tenait
surtout aux efforts et aux talents personnels des

professeurs qui étaient chargés de l'enseignement. Ils ajoutaient qu'on manquait encore de
direction suffisante pour pouvoir les imiter, et
que les procédés employés dans l'institut n'é-
taient pas encore assez mûrs pour qu'on pût les
introduire généralement dans tous les établissements d'instruction publique [1].

Cette opinion était juste et sage, mais elle
blessait profondément Niederer et ceux des
membres de l'institut qui partageaient son enthousiasme, et au lieu d'accéder avec modestie
à des conseils judicieusement donnés, au lieu
de prêter une attention convenable à l'opinion
publique, ils se raidirent contre cette opposition.
Ils restèrent dans leur aveuglement; et pour
éviter de semblables jugements à l'avenir, pour
imposer silence à ceux qu'ils voulaient considérer comme des ennemis ou des détracteurs
de la méthode, parce qu'ils ne voulaient pas
l'accepter avec enthousiasme, ils formèrent le
dessein de fermer les portes de l'institut aux
visiteurs, qui affluaient, et de solliciter auprès
du gouvernement l'examen approfondi de l'institut et des méthodes qui y étaient employées.

1. *Niemeyer*. Traduction de M. Durivau.

Ils espéraient qu'à la suite de cet examen officiel ils obtiendraient un rapport favorable qui agirait puissamment sur l'opinion publique, et qui mettrait désormais les principes de Pestalozzi à l'abri de toute contestation.

Ce moyen favorisait tellement le désir de repos, de paresse ou de domination des principaux collaborateurs de Pestalozzi, qu'il obtint un assentiment presque général. Un seul professeur désapprouva hautement cette démarche hasardée : c'était M. Schmid.

Ce professeur, qui jouera un grand rôle dans la suite de cette histoire, était un des élèves les plus distingués de Berthoud, où il entra en 1801, à l'âge de quinze ans, avec l'instruction incomplète que pouvait donner à cette époque une école de village. Ses progrès furent tellement rapides, sa spécialité pour les mathématiques s'était si promptement développée, qu'au bout de deux années de séjour à Berthoud (1803), il fut employé à donner des leçons de mathématiques à ses condisciples et aux nombreuses personnes qui venaient déjà à cette époque étudier le système de Pestalozzi.

Il avait parfaitement saisi les principes d'après lesquels son maître voulait que cette partie

importante, fût traitée, et il parvint déjà dans
cette même année à introduire quelques améliorations, et à faire quelques additions importantes dans l'enseignement de la partie élémentaire des mathématiques.

Schmid se destinait au commerce, mais Pestalozzi s'était tellement attaché à cet élève, qu'il
obtint de sa famille l'autorisation de le garder
auprès de lui, et ce fut en qualité de professeur
qu'il le suivit d'abord à l'institut de Munchen-
Buchsée, puis à Yverdon, où il employa toutes
ses forces, toute son activité, à perfectionner
l'enseignement dont il était chargé ; et il appliquait d'une manière si heureuse et si claire les
principes de la méthode, que toutes les personnes qui visitaient l'établissement étaient
émerveillées du talent du professeur et du savoir des élèves, et ce fut principalement à ces
résultats que l'institut d'Yverdon dut son immense réputation. On peut ajouter que dans
toutes les attaques dont ce professeur et l'établissement d'Yverdon furent l'objet, chacun
s'est plu à reconnaître l'excellence des moyens
qu'il mettait en usage, et les progrès merveilleux des enfants qui lui étaient confiés.

Schmid devait donc être parfaitement tran-

quille sur les conséquences de l'examen qui
était provoqué par ses collègues, mais il avait
plus à cœur la réputation de l'institut que sa
propre satisfaction. Il leur rappela donc la véritable situation de l'institut; il montra que les
branches les plus élémentaires étaient mépri-
sées et entièrement négligées; que plusieurs
matières n'étaient encore qu'à l'état d'ébauche;
que quelques-unes d'entre elles, par suite des
tâtonnements auxquels on s'était livré, n'étaient
pas encore parvenues au but qu'on devait atteindre pour qu'elles fussent complètes. Il ajouta
même que pour l'enseignement dont il était
chargé, il n'avait pas encore assez mûri certains exercices pratiques pour être sûr de sortir
avec honneur de l'examen consciencieux et
profond auquel devraient nécessairement se
livrer des hommes compétents revêtus par l'autorité suprême du pays du droit de tout voir,
de tout scruter, et du devoir de fixer officiellement l'opinion publique sur la situation de l'institut d'Yverdon.

Il pensait, au contraire, qu'il fallait continuer
à admettre tout le monde aux exercices de la
méthode, accepter les avis avec reconnaissance,
les examiner de bonne foi, introduire des amé-

liorations successives, et qu'alors seulement on pourrait recourir à l'autorité pour constater un état de choses réellement satisfaisant.

Pestalozzi était tout à fait de cet avis; il ne pressentait rien de bon de la démarche officielle dans laquelle on voulait l'engager; il fit donc quelque résistance, mais on parvint à l'ébranler en lui faisant remarquer que jamais l'institut ne pourrait être dans un état de prospérité extérieure plus florissant; que parmi plus de cinquante personnes de distinction de tous les pays qui venaient étudier la méthode, on trouvait un tel enthousiasme, qu'il était impossible qu'on pût juger défavorablement la maison. Et comme on connaissait sa générosité, on l'entraîna tout à fait en lui représentant qu'il se rendrait coupable d'une profonde injustice et d'une noire ingratitude s'il abandonnait ainsi ceux de ses collaborateurs qui l'avaient si fidèlement aidé à recueillir la réputation, l'honneur et la félicité dont il jouissait. Ce fut ainsi qu'on le décida à faire examiner l'institut d'une manière solennelle pour désarmer les détracteurs et les ennemis de la méthode [1].

1. *Lebensschicksale*, pag. 44 et suiv.

Le 20 juin 1809, Pestalozzi écrivit à la Diète
pour la prier de donner une haute marque d'attention, soit à son institut d'Yverdon, qui était
parvenu à un haut degré de développement et
de perfection, soit à la méthode d'éducation
élémentaire qu'il y avait établie, et qui, disait-il,
« ayant obtenu les suffrages de plusieurs États,
« et d'un grand nombre d'hommes savants et
« considérés, fixe maintenant les regards de
« toute l'Europe. »

Par cette lettre, Pestalozzi renonçait d'avance
à toute espèce de secours dont il n'avait nul
besoin; il exprimait l'espoir que la Diète attri-
buerait sa demande au motif naturel et profondément senti qui l'avait dictée, c'est-à-dire au
désir de voir sa patrie agréer le fruit de ses méditations, de ses travaux et de l'œuvre de sa vie.
Il terminait en disant que sa demande n'avait
d'autre but que des recherches à faire sur son
institut et sur sa méthode par des hommes en-
tendus, que le Landammann enverrait sur les
lieux au nom de la Diète [1].

Quoique les députés de la Suisse n'eussent
apporté aucune instruction relative à cette de-

1. Extrait du procès-verbal de la Diète du 28 juin 1809.

mande, la majorité néanmoins ne voulut pas
l'écarter.

Sa bienveillance envers un homme qui dans
tout le cours d'une vie laborieuse avait sacrifié
ses intérêts personnels au bien de l'humanité ;
son respect pour l'opinion publique, qui a déclaré que l'institut de Pestalozzi à Yverdon et le
système d'éducation dont il est l'auteur avaient
droit à une attention particulière ; enfin l'intime
conviction qu'un objet aussi important que l'é-
ducation, méritait d'intéresser la Confédération:
tous ces motifs considérables engagèrent la
Diète à décréter à une majorité de seize suffrages :

« Que le Landammann de la Suisse serait
« prié de faire examiner par des hommes in-
« struits et sur les lieux mêmes, l'institut d'Y-
« verdon et la méthode, tant sous le rapport du
« développement intellectuel de l'enfance que
« sous celui de son éducation morale et reli-
« gieuse, et que le rapport résultant de l'exa-
« men serait communiqué en son temps aux
« louables cantons [1]. »

Le Landammann, M. d'Affry, chercha pour

1. Extrait du même procès-verbal.

cette importante mission des hommes qui, à
une connaissance profonde des diverses théories de l'instruction, réunissàient un sentiment
intime et pur de la dignité de l'homme ainsi
que de la religion et de la morale, sans lesquelles il n'est pas de véritables lumières, et il dé-
signa à cet effet MM. Abel Mérian, membre du
petit conseil du canton de Bâle, le révérend
père Grégoire Girard, cordelier de Fribourg, et
M. Frédéric Trechsel, professeur de mathématiques à Berne [1].

Les commissàires de la Confédératioa se rendirent à Yverdon pour y étudier soigaeusement
l'institut, son esprit, et l'application de la méthode, et pendant les six jours qu'ils consacrè-
rent à cet examen, ils cherchèrent à tout voir
par eux-mêmes, à rassembler des données exac-
tes sur tout ce qui pouvait concerner l'accomplissement sérieux de leur mission, et lorsqu'ils
quittèrent le château ils demandèrent à la Direction qu'on leur fît parvenir les détails que le
temps ne leur avait pas permis de recueillir sur
les lieux.

Le révérend père Girard fut choisi par ses

[1]. Arrêté du Landamman du 18 novembre 1809.

collègues pour rédiger le rapport de la commission d'après les instructions particulières qu'ils
avaient reçues de la Diète, et ce rapport circon-
stancié fut soumis à l'Assemblée dans la séance
du 7 juin 1810.

Ce rapport est écrit dans des termes très-
bienveillants et avec une grande impartialité. Il
trace une image fidèle de l'institut d'Yverdon,
qui comprenait alors une école de garçons, une
école de filles et une école normale pour les
instituteurs et les institutrices. On voit à chaque
page que les commissaires n'ont pas eu le désir
de voir les choses autrement qu'elles n'étaient,
et qu'ils les ont rendues telles qu'ils les avaient
trouvées. Ils n'hésitèrent pas à signaler ce qui,
selon eux, ne répondait pas aux promesses pom-
peuses qui avaient été faites. Mais tout en donnant une entière approbation aux principes
généraux qui faisaient la base du système pédagogique de Pestalozzi, ce travail important
signalait, tout ce que l'application de ces principes laissait à désirer, car à l'exception des
marques d'attention et d'estime qu'il donna
aux travaux de Schmid pour l'enseignement
dont il était chargé, le rapport ne contenait
ni louanges ni apparence de louanges pour

14.

les autres branches professées à l'institut.

A la suite de ce rapport, la Diète se borna à déclarer dans sa session de 1811, que Pestalozzi avait bien mérité de la patrie [1]. Mais quoique ce travail n'eût été rédigé que pour éclairer la décision que Pestalozzi avait provoquée auprès de cette assemblée, il fut cependant livré à la publicité, à la grande surprise des commissaires eux-mêmes, et cette publication eut des suites auxquelles on aurait pu s'attendre.

En effet, d'une part Niederer et ceux des professeurs qui avaient proposé l'examen officiel de l'institut, contestaient l'impartialité et la capacité des commissaires, ils ne voulaient point accepter celles de leurs conclusions qui n'étaient pas à leur avantage, et ce qui les rendait surtout susceptibles, c'étaient les louanges accordées à Schmid. Alors ils attribuèrent la non-réussite de leurs espérances à ce dernier, qui, selon eux, était parvenu à force d'importunités et d'artifices à se faire valoir au détriment de ses collaborateurs.

On comprend que ce n'était là qu'un prétexte pour dégoûter un collègue qui les gênait dans

1. Henning, pag. 64.

leurs tendances; d'un autre côté, Pestalozzi et
sa famille s'étaient attachés à ce jeune professeur; ils lui témoignaient une confiance sans
bornes. En outre, son activité infatigable, une
certaine habileté dans le maniement des affaires, son influence sur ses disciples, ses succès
même lui donnaient sur les plus anciens collaborateurs de Pestalozzi une certaine supériorité
qu'on ne pouvait pas lui pardonner, et qui avait
excité la jalousie de plusieurs d'entre eux.

Aussi la position de ce professeur devenait-
elle chaque jour plus désagréable et plus délicate. Il se voyait obligé de soutenir presque
seul contre tous des luttes continuelles pour
obtenir les réformes indiquées par la commission; et comme il ne pouvait convaincre ses
collègues, et qu'il n'était pas homme à subir
une tendance qu'il désapprouvait, il saisit, pour
se retirer, la première occasion qui s'offrit. Un
mois après la présentation du rapport du père
Girard, il quitta l'Institut: c'était en juillet 1810.

Cette retraite fut accueillie avec bonheur par
tous les professeurs, et ils exprimèrent sans ré-
serve la joie que leur causait cet événement;
mais elle déchira le cœur de Pestalozzi, qui aimait Schmid de toute son âme, sans avoir la

force de le soutenir dans ses plans de réforme. Il eut, en outre, le chagrin de se voir, à la même époque, privé du concours de MM. de Turck, Mieg, Hoffmann et de Muralt, dont l'activité, le dévouement à sa personne et à son œuvre, et les talents ne lui avaient jamais fait défaut.

La publication du rapport du père Girard n'eut pas seulement pour effet d'amener une scission entre les collaborateurs de Pestalozzi. Les ennemis de l'institut s'emparèrent de tout ce qui pouvait ressembler à un blâme, et ils en profitèrent pour attaquer l'établissement, pour en humilier les professeurs avec autant d'injustice et d'inconvenance que ceux-ci avaient montré de hauteur et d'arrogance dans leurs publications pédagogiques.

Le journal de Goettingue entre autres parlait avec un profond dédain et un grand mépris des travaux de Pestalozzi. Il ne pouvait pas comprendre qu'ils pussent être l'objet de la moindre attention publique. En outre, ce journal aristocratique, en rappelant les tendances libérales du chef de la maison, la signalait comme un repaire de révolutionnaires, et cherchait même à rendre sa personne suspecte, de manière à détourner de lui la confiance et l'attention que lui avaient témoignées jusque-là des personnes honorables et bienveillantes.

Ce n'était pas seulement par le parti aristocratique que l'institut était attaqué, il était aussi en butte aux railleries mordantes, aux plaisanteries fines du *Journal de Zurich*, qui était très-répandu dans les classes populaires. Ce journal, rédigé par Burckli, signalait à l'attention de la Suisse, sous forme de questions adressées à l'institut, tous les points faibles qui pouvaient diriger l'opinion publique contre les intérêts et la réputation de l'établissement.

Cette réaction de l'opinion publique, qui prodiguait injustement le blâme et l'injure à une œuvre qu'elle avait naguère préconisée sans mesure, aurait dû avertir les membres de l'institut de se tenir sur leurs gardes, de se replier sur eux-mêmes, de se convaincre qu'ils étaient bien loin de tenir tout ce qu'ils avaient promis ; qu'il était de leur honneur, après toutes leurs bravades et leur arrogance, de se mettre sans relâche et sans délai à combler les lacunes, à éviter les fautes qui leur étaient signalées. Le contraire arriva. De plus en plus aveuglés par leur présomption, au lieu d'améliorer au dedans on s'occupa de combattre au dehors. Niederer prit la plume et publia en son nom deux volumes in-octavo, dont le premier était principalement consacré à la justification des principes de Pestalozzi, qui selon lui avaient été mal présentés, tandis que le second n'avait d'autre but que de fournir quelques documents nécessaires pour éclairer la question et dévoiler la méchanceté et l'ignorance des hommes qui, par leurs attaques, avaient enfin rendu cette défense nécessaire.

La réponse de Niederer réduisit au silence les hommes de mauvaise foi; en outre, elle mit fin à toute polémique. Il y eut bien encore quelques récriminations contre le ton tranchant de l'auteur, mais l'attention publique fut ainsi détournée du véritable objet qui l'avait soulevée, et si l'on s'occupa encore des injures de Niederer, on cessa tout à fait de s'occuper de l'institut.

Mais indépendamment de cette croisade de journaux contre l'établissement d'Yverdon, il y eut une autre cause qui contribua puissamment à l'ébranler dans ses fondements. En quittant Pestalozzi, et persuadé que ce dernier subissait impatiemment une domination qui comprimait l'exécution de ses propres vues pédagogiques,

Schmid publia une brochure dans laquelle il
attaqua avec toute la vigueur de la jeunesse
l'état fâcheux de l'institut. Il reproduisait les
véritables idées de Pestalozzi sur l'éducation
publique. Il n'eut pas de peine à démontrer
que les circonstances seules avaient détourné
ce pédagogue du but qu'il s'était proposé, et
qu'il lui était impossible de mettre en usage ses
principes dans un établissement où l'âge des
élèves, la condition des familles, exigeaient tout
autre chose que le développement élémentaire
des facultés de l'enfance, seul but que se fût
proposé Pestalozzi [1].

Cette brochure, que Schmid envoya à son
maître, reçut de ce dernier une telle approbation, qu'il la répandit lui-même, au grand scandale de ses collaborateurs, qui blâmaient leur
ancien collègue de son ingratitude envers une
maison à laquelle il devait tout ce qu'il était.

Toutes ces rivalités, que le départ de Schmid
n'avait pas fait cesser, toutes ces critiques,
toutes ces attaques, toutes ces défenses, avaient
produit dans le public allemand une impression
défavorable. Avec Mieg, Hoffmann et de Turck,

1. *Erfahrungen und Ansichten*, in-8 de 145 pages, Heidelberg,
1810.

avaient déjà disparu un grand nombre d'élèves
qui avaient été confiés à leurs soins, à leur surveillance particulière, et l'institut serait pro-
chainement arrivé à se dissoudre, si une circonstance favorable n'avait ramené d'un autre
côté des élèves à Yverdon.

Parmi les étrangers qui affluaient en Suisse
pour visiter, en 1810 et en 1811, l'institut de
Pestalozzi, aucun n'avait étudié la méthode qui
y était mise en pratique avec plus d'intérêt que
M. Jullien (de Paris), alors inspecteur aux re-
vues. Et malgré les obstacles que son ignorance
de la langue allemande avait dû lui faire éprouver dans l'étude d'une méthode dont les professeurs et les écrivains n'employaient que cette
langue, il parvint à en connaître tellement les
principes et les procédés, qu'il en fit l'objet
d'une publication importante. En 1812, il fit paraître à Milan deux volumes in-octavo sur l'*Esprit de la méthode d'éducation de Pestalozzi*,
telle qu'il l'avait étudiée pendant deux mois de
séjour et de recherches à l'institut d'Yverdon.

Cette publication importante était, après le
travail de M. de Chavannes[1], le seul ouvrage
français qui pût permettre de bien juger cette

1. *Exposé de la méthode élémentaire d'Henri Pestalozzi*, 1805.

méthode. Elle fit en France une grande sensation, et bientôt on vit arriver à Yverdon une
quantité considérable d'élèves de cette nation, et
ils comblèrent en partie les vides que le départ
des élèves allemands avait faits dans l'institut.

Ces élèves apportaient en général des lycées
et des pensions un esprit d'indépendance et des
habitudes de désordre qui n'y avaient pas existé
jusqu'alors. Pour parer à ce grave inconvénient,
on aurait dû resserrer plus fortement les liens
de la discipline, entretenir avec les familles des
correspondances plus suivies, établir une grande
harmonie dans l'enseignement, réunir plus fréquemment les professeurs en conférence pour
recueillir leurs observations sur la conduite générale et particulière des élèves. On aurait dû,
en un mot, tenir toutes les promesses faites au
nom de l'institut par l'ouvrage de M. Jullien.

Malheureusement il n'en était pas ainsi, et la
responsabilité de ce dernier se trouvait vivement engagée vis-à-vis des familles qui, sur la
foi de ses promesses, avaient envoyé leurs enfants à Yverdon. M. Jullien n'épargnait cependant pas les avertissements et les conseils à
Niederer, qui n'en tenait aucun compte.

Nous avons sous les yeux une longue lettre

15

remplie d'excellents conseils et de plaintes fondées que cet homme honorable adressait à
M. Mieg, l'un des amis les plus dévoués de
Pestalozzi et de sa famille. « On m'informe de
Paris, écrit-il, que plusieurs journaux français
contiennent de longs articles sur mon dernier
ouvrage, *Esprit de la méthode d'éducation de
Pestalozzi* : qu'en général dans ces articles on
trouve la méthode excellente et les principes
incontestables, mais qu'on me reproche d'avoir
peint l'institut trop beau, attendu que la méthode, très-bonne sur le papier, n'y est point ap-
pliquée avec cette exactitude et cette perfection
que mon ouvrage semble faire espérer. Combien je voudrais que ce reproche ne fût pas
fondé, et que l'institut s'attachât constamment
à suivre tous les principes de la méthode, et à
mettre en harmonie dans l'exécution toutes les
parties de l'éducation ! Que M. Pestalozzi veuille
enfin fortement que l'harmonie, l'ordre et l'économie existent, et tout sera perfectionné dans
l'institut le jour où il aura cette ferme volonté.
Combien ne serait-il pas douloureux pour lui
de voir périr son ouvrage et le fruit de toute sa
vie, si laborieuse et si honorable [1] ! »

1. Lettre datée de Yverope 34 août et 1er septembre 1818.

A toutes ces causes de désorganisation il vint
s'en joindre une dernière, qui devait entraîner
infailliblement la ruine de l'institut. Depuis que
Schmid avait quitté Yverdon, la direction économique de la maison était passée sous la domination presque exclusive de Niederer, et
nous avons vu comment la retraite des élèves
avait été la conséquence d'une polémique qui
absorbait tout le temps des maîtres au détriment de la bonne tenue de l'établissement.
Quoique les recettes eussent beaucoup baissé,
on continuait à faire des avances considérables
à presque tous les professeurs, et l'institut était
plein de parasites, de bouches inutiles, de curieux, d'hommes qui, sans être bons à rien,
consommaient les moyens d'existence du petit
nombre de ceux qui servaient l'institut avez zèle
et désintéressement.

Au lieu de se restreindre, Niederer se lançait
encore dans de nouvelles dépenses ; il avait
établi à Yverdon une imprimerie dans laquelle
il faisait éditer ses propres ouvrages et ceux de
l'institut. Il y avait joint une librairie, mais le
succès fut loin de répondre à ses espérances.
Cette spéculation absorba des ressources qui
auraient pu être plus utilement employées, et

la situation économique de l'institut arriva à un
tel degré de gravité, qu'une banqueroute devenait imminente.

Telle était la position critique de l'institut,
lorsqu'en février 1813, Pestalozzi s'adressa à
Vogel à Zurich, et à Mieg à Paris, pour qu'ils
lui trouvassent des sommes considérables, devenues nécessaires pour faire face aux plus
pressants besoins; mais ils ne purent en venir à
bout; ce fut alors que M. Mieg, qui avait toujours été pour Pestalozzi un ami sincère, vint
s'établir pendant huit mois à Yverdon. L'examen scrupuleux d'une comptabilité parfaitement tenue lui démontra qu'il existait déjà depuis 1810 un déficit de 30,000 francs de France,
et qu'il était indispensable de songer à sauver
quelque chose du naufrage. A l'aide de quelques
amis de la famille, il parvint à obtenir judiciai-
rement, sous la date du 14 mai 1813, un acte
qui mit Pestalozzi sous la tutelle de M. Vogel,
afin de conserver à son petit-fils tout ce qui restait, soit d'un dernier héritage que venait de
faire sa femme, soit du domaine de Neuhof,
qui était déjà grevé de nombreuses hypo-
thèques.

Ce fut aussi dans l'espoir de soulager l'institut

de garçons et d'assurer pour l'avenir quelques
ressources à Pestalozzi, que M. Mieg céda, le
15 novembre 1813, à mademoiselle Rosette
Kasthofer l'institut de jeunes filles qui avait été
jusque-là sous la direction de madame Kuster,
belle-fille de Pestalozzi. Cette cession, qui continua à être onéreuse pour l'établissement et qui
devint plus tard la source de profonds chagrins
pour Pestalozzi, eut pour résultats immédiats :
le mariage de M. Niederer et de mademoiselle Kasthofer, le départ de madame Pestalozzi, de madame Kuster, de son mari et de la
bonne Élisabeth, qui se retirèrent à Neuhof.
On éloigna même jusqu'à son petit-fils Gottlieb,
à qui l'on fit apprendre le métier de tanneur,
sans doute pour qu'il ne pût succéder à son
grand-père dans la direction de son établissement. Bientôt madame Kuster mourut de chagrin de voir toute sa famille éloignée de son
chef, qui restait ainsi livré à l'influence intéres-
sée de M. et de madame Niederer, dont le mariage avait été conclu surtout en vue d'amener
plus tard la réunion de l'institut de garçons et
celui des filles entre les mains des deux nouveaux époux.

Niederer n'avait plus personne qui pût con-

15.

tre-balancer son influence : la famille était éloignée : il avait mis la comptabilité entre les
mains de son neveu, tous les emplois étaient
occupés par ses amis ; le faible vieillard souffrait
cette domination avec impatience, mais sa position financière était tellement critique, et il
avait une si profonde conviction de son incapacité administrative, qu'il se laissait dépouiller
petit à petit de toute son autorité.

Mais quoiqu'il eût la prétention contraire,
Niederer était aussi incapable que Pestalozzi :
comme lui, il était tout à fait étranger aux soins
et aux nombreux détails que nécessitait l'administration d'une semblable maison, l'œil du
maître manquait partout : cet abandon eut des
suites inévitables : les dettes sans nombre s'ac-
cumulèrent, la lenteur des paiements détruisit
la confiance, les créanciers menacèrent de
poursuivre, et l'établissement, qui ne pouvait
marcher qu'avec des ressources journalières et
un crédit non interrompu, se vit tout à coup
privé de tout ce qui lui était indispensable.

Les événements politiques de 1814 semblèrent
encore devoir précipiter la chute de l'établissement d'Yverdon : les Autrichiens, qui déjà, en
1799, avaient chassé Pestalozzi de Stanz, vou-

laient s'emparer du château pour y fonder un
hôpital militaire, la municipalité fit des récla-
mations contre cet envahissement, et, malgré
sa timidité naturelle, Pestalozzi voulut porter
lui-même la pétition de la Ville à l'empereur
Alexandre qui était alors à Bâle; il entreprit le
voyage à pied, et se fit annoncer à l'empereur
qui s'empressa de le recevoir. Une fois introduit
devant le czar, Pestalozzi oublie le motif de son
audience pour ne se rappeler qu'une chose,
c'est qu'il existait en Russie des millions de serfs
qui soupiraient après les lumières et la liberté.
Alors le vieillard expose à l'autocrate ses idées
sur l'amélioration des masses par l'éducation,
et le presse de les appliquer dans les pays soumis à sa domination; sa conviction était si
profonde, ses paroles étaient si touchantes,
qu'Alexandre l'écouta avec la plus grande bonté
jusqu'au moment où Pestalozzi, se rappelant la
cause de son voyage à Bâle, lui présenta la re-
quête dont il s'était chargé; l'empereur l'accueillit favorablement, ordonna que l'hôpital
militaire serait placé ailleurs, et quelques mois
plus tard (novembre 1814) il conférait au digne
philanthrope la décoration de Saint-Wladimir.

Mais l'institut n'avait pas échappé au plus

grand danger : sa position était tellement em-
barrassée, que si un seul des créanciers de Pestalozzi l'eût attaqué, tous les autres se seraient
présentés ; il aurait été impossible de faire face
à tous, et l'institut serait tombé. Ce fut dans ces
circonstances qu'un ami sincère de Pestalozzi,
M. Jullien de Paris, chercha à conjurer les dangers qui menaçaient cette maison, à laquelle
il avait confié ses trois fils. Il parvint à former
un conseil d'administration[1] composé des personnes les plus respectables de la ville pour
diriger la partie économique de l'établissement.
Cette mesure fit renaître le crédit et la confiance, mais cela ne suffisait pas pour ramener
l'ordre dans l'institut et pour imprimer aux
études une marche qui devait le relever aux
yeux du public. Niederer sentait lui-même son
incapacité pour arriver à ce but, et en regar-
dant autour de lui, il ne vit que Schmid qui fût
capable de venir au secours de Pestalozzi. Niederer ne se trompait pas, Schmid était bien
l'homme qui pouvait sauver ce vieillard : indépendamment de ses capacités administratives et
pédagogiques dont il avait déjà fait preuve pen-

---

1. Ce conseil fut fondé le 28 novembre 1844.

dant son séjour à Yverdon, il avait acquis une
expérience qui pouvait être d'un grand secours.

Schmid avait mis à profit sa sortie de l'Institut pour étendre son travail élémentaire des
nombres et des *formes*, il avait séjourné tour à
tour à Vienne et à Munich, il avait parcouru
l'Allemagne méridionale et la Suisse, pour apprendre à bien connaître les besoins moraux,
intellectuels et matériels des classes populaires,
et pour étudier les différents moyens mis en
usage pour y satisfaire; et lorsque après une
étude approfondie de ce problème important,
il avait voulu faire jouir son pays du fruit de ses
recherches, il s'était adressé à la Bavière, à qui
appartenait alors le Tyrol, et après de longues
explications avec les membres les plus éclairés
du ministère, et avec S. A. R. le prince héréditaire lui-même (le prince Louis aujourd'hui ré-
gnant), il avait obtenu, en 1812, la direction
de l'école de Brégenz, qui était l'établissement
le plus important de sa propre patrie, et on lui
avait accordé sur les fonds de l'État une somme
considérable pour introduire dans les écoles du
peuple l'enseignement industriel et agricole.

Mais à cette époque de commotions politiques il était impossible de compter sur le

temps nécessaire pour mettre un plan à exécution. Déjà Schmid avait réalisé en partie celui
qui avait reçu l'assentiment du gouvernement
bavarois, lorsque le Vorarlberg passa de nouveau sous la domination de l'Autriche. Les vues
qui avaient présidé à la fondation de l'école de
Brégenz étaient trop larges pour M. de Metter-
nich; Schmid dut faire à Vienne un voyage
pendant le congrès, et à l'aide des hommes
influents qui s'intéressaient au sort du Tyrol, il
était parvenu à obtenir de la part de la cour
impériale l'espérance fondée qu'il pourrait continuer, sinon tout ce qu'il avait commencé avec
l'approbation de la Bavière, du moins plusieurs
des points les plus importants. Seulement on lui
prescrivit de suivre pour cela une marche un
peu plus lente que celle qu'il avait d'abord
adoptée [1].

C'est dans cette situation que se trouvait
Schmid lorsque Niederer désirait le voir revenir
pour le secourir dans sa pressante détresse; et
comme les rapports qui existaient entre eux
étaient tout à fait amicaux [2], dès que Niederer

1. *Warheit und Irrthum.*
2. Voir dans le même ouvrage les lettres de Niederer en date du
14 novembre 1812 et 21 décembre 1813.

eut connaissance que Schmid trouvait auprès
du gouvernement autrichien des entraves pour
l'accomplissement du plan qu'il avait commencé, il crut le moment favorable pour l'attirer de nouveau à Yverdon. Ses lettres[1] furent
tellement pressantes, il fit tellement voir qu'il y
avait urgence de sauver Pestalozzi et son œuvre,
que Schmid n'hésita pas à donner sa démission
provisoire ; mais il voulut que le retour de la
famille Pestalozzi précédât le sien, et en avril
1815 il venait se mettre à la tête de l'Institut.

Laissons Schmid nous raconter lui-même
dans quelle situation il trouva cet établissement
au moment de son retour.

« Je trouvai Pestalozzi dans un état de désespoir : il espérait en moi comme en son sauveur
pour quitter Yverdon dont, d'après ses propres
paroles, il était plus que rassasié, pour passer le
soir de sa vie au Neuhof, le seul endroit du
monde qu'il aimât. — Mais je lui représentai
l'impossibilité de l'exécution de ce projet ; je lui
fis voir que l'ouvrage de sa vie, en tant qu'il
voulût le conserver dans ses mains, serait dé-

1. Notamment celles des 16 février et 17 mars 1814, 14 et 15 février 1815.

truit s'il ne restait pas, s'il ne persévérait pas.
Vieilli dans la souffrance, il ne connaissait
d'autre voie que celle de la soumission à son
sort.

« Je mis la main à l'œuvre, mais partout où
je la portais, il semblait qu'aucune pierre ne
tînt à l'autre, et plus j'examinais les fondements
de la maçonnerie, plus je trouvais de dégradation dans ce frêle édifice.

« L'infirmité principale et la plus dangereuse
de l'établissement était son mauvais état économique ; cet organe si essentiel du corps de l'Institut avait sur l'ensemble une grande influence
Je dus entreprendre à cet égard une opération
capitale qui pouvait devenir très-dangereuse, et
qui n'avait pas encore été entreprise à cette
profondeur dans le corps [1]. »

Ainsi qu'il en annonçait l'intention, Schmid
prit des mesures rigoureuses qui devaient soulever contre lui bien des inimitiés, bien des ran-
cunes personnelles. Pendant son absence, quoique le nombre des élèves fût descendu au-
dessous de la moitié de ce qu'il était au moment

[1]. *Warheit und Irrthum.* — Je demande pardon au lecteur pour
cette traduction littérale ; j'ai cherché dans tous mes extraits à être
plutôt fidèle qu'élégant.

de son départ, en 1810, les professeurs avaient
augmenté en dehors de toute proportion avec
ce qui restait d'élèves, et leur traitement avait
même été élevé. Il congédia les maîtres superflus, il réduisit à la moitié le traitement de tous
ceux qui restaient, et qui recevaient plus de
trente louis d'or; il augmenta le nombre des
leçons que chacun d'eux avait à donner, il refusa de payer celles qu'ils donnaient à l'Institut
des demoiselles et qui devaient être à la charge
de madame Niederer; il fit rentrer au château
tout ce qui, dans l'institut de jeunes filles,
appartenait à Pestalozzi et qui pouvait s'enlever
sans nuire aux études des élèves et sans causer
d'interruption dans le régime économique de
l'établissement, enfin il fit tous ses efforts pour
séparer les intérêts économiques de Pestalozzi
de ceux de madame Niederer qui s'y trouvaient
mêlés, et cela d'une manière qui n'était pas
toujours à l'avantage du premier.

Le mal était si grand, les mesures étaient tellement nécessaires au salut de l'institut, qu'elles
reçurent une complète approbation de la part
de chacun; madame Niederer elle-même, qui
avait eu le plus à souffrir de ces réformes, se
plaisait à témoigner hautement combien elle

était satisfaite de voir enfin au château quel-
qu'un qui soignât les intérêts de Pestalozzi avec
une probité aussi scrupuleuse. Schmid put donc
croire qu'il avait rétabli le bonheur dans la
maison et que l'institut était désormais assis sur
des bases qui pouvaient permettre d'attendre
l'avenir avec sécurité.

Mais la mort de madame Pestalozzi, qui arriva le 11 décembre 1815, huit mois après le
retour de Schmid, vint changer la face des
choses et susciter à ce dernier, et encore plus à
Pestalozzi, des tourments d'une autre nature.

CHAPITRE VII.

1815 à 1825.

YVERDON.

De la mort de madame Pestalozzi à la fermeture de l'Institut.

Le mariage de Niederer avec mademoiselle Kasthofer avait surtout été contracté dans l'espoir que les deux époux pourraient un jour réunir dans les mêmes mains l'institut de garçons et celui de jeunes filles. C'est pour ce motif qu'on avait cherché à isoler Pestalozzi de sa famille; et si Niederer n'avait pas éprouvé de répugnance à rappeler Schmid au moment où la maison tombait, c'est parce que déjà, aux fêtes de son mariage, il avait confié ses projets à ce dernier, qui n'y avait fait aucune objection et qui les avait considérés comme très-réalisables; aussi le jour même de la mort de madame Pestalozzi, Niederer dit-il à Schmid que

le moment était venu de réaliser les espérances
qu'on lui avait fait concevoir. Mais s'il trouva
celui-ci tout prêt à en favoriser l'accomplissement, autant qu'on pouvait le .désirer de sa
part, on trouva Pestalozzi dans d'autres dispositions. Il voulait, malgré son grand âge, malgré la perte cruelle qu'il venait de faire, il voulait conserver son institut et le continuer, sans
que Niederer ni sa femme eussent à s'ingérer en
rien dans sa gestion et dans sa direction.

La bonne administration de Schmid, depuis
son retour, et le concours du conseil d'administration, avaient remis les affaires sur un bon
pied; c'est ce qui engageait Pestalozzi à continuer, pour liquider ce qui était dû. Il aurait
volontiers cédé à Niederer et à sa femme, si
ceux-ci avaient voulu se charger du paiement
des dettes contractées; mais leur position ne
leur permettait pas de prendre un fardeau qui
pouvait s'élever à cinquante mille francs environ; et comme Pestalozzi ne voulait quitter
qu'après un entier paiement, les espérances de
M. et de madame Niederer étaient déçues.

Cette résolution fut attribuée à l'influence de
Schmid, et dès le jour de l'ensevelissement de
madame Pestalozzi, commença une guerre ou-

verte contre l'homme qui cherchait à remettre
l'institut entre les mains de son propriétaire, et
qui se montrait disposé à le soutenir vigoureusement contre les prétentions de ses principaux
collaborateurs.

Niederer, tout en conservant vis-à-vis de
Schmid toutes les apparences d'une confrater-
nité sincère, n'eut aucune peine à soulever contre lui tous les membres de l'institut dont les
intérêts et l'esprit de domination avaient eu à
souffrir de son retour; tous ceux enfin qui pouvaient tirer quelque parti du désordre et pêcher
en eau trouble.

Ils s'adressèrent collectivement à Pestalozzi,
pour demander impérieusement, et avec inso-
lence, l'expulsion de Schmid. Ils n'hésitèrent
pas à accompagner cette sommation de menaces grossières. L'un d'eux écrivit à Pestalozzi
pour l'informer que dans le cas où il ne céde-
rait pas au vœu de sa maison, il emploierait
tous les moyens pour décrier Schmid dans toute
l'Allemagne, et qu'il s'y prendrait de telle sorte,
que Pestalozzi aurait bien certainement à se re-
pentir des suites de son opiniâtreté [1].

1 *Lebensschicksale*, p. 98.

Le caractère de Pestalozzi était d'une extrême bienveillance ; mais dès qu'on blessait ses affections et sa dignité, dès qu'on voulait lui imposer une résolution, il se raidissait, et il opposait une résistance opiniâtre. Il fut donc froissé des procédés qu'on employa à son égard. Il témoigna son indignation pour les menaces qu'on lui adressait ; il se rapprocha davantage de Schmid comme du seul homme qui prît ses intérêts, l'investit d'une entière confiance, enfin il saisit avec empressement une circonstance qui paraissait lui permettre de se passer des services qu'on voulait lui faire acheter au prix du renvoi de la seule personne capable de sauver la maison.

Après la restauration, il y avait en Prusse un parti qui attendait en vain les réformes politiques qu'on lui avait promises, et qui voulait s'emparer de la jeunesse, pour l'élever à sa guise. Dans ce but, et tandis que le gouvernement de Berlin envoyait à Yverdon des élèves à ses frais, plusieurs jeunes Prussiens de bonnes familles firent le voyage dans l'intention de se mettre en rapport avec Pestalozzi, d'étudier sa méthode, afin de l'appliquer dans un établissement qu'ils se proposaient de fonder dans

leur pays. Mais dès qu'ils virent que l'institut
d'Yverdon répondait à leurs vues, et qu'il possédait de nombreux élèves, ils cherchèrent à
acheter cette maison d'éducation, dont la réputation libérale, et la situation dans le canton le
plus démocratique de la Suisse, paraissait le
plus convenable pour élever la jeunesse prussienne et allemande dans des idées conformes
à leurs vues. Ces jeunes gens étaient sous la
direction absolue d'un nommé Lauz, l'un des
élèves les plus distingués de Fichte, qui faisait
partie de leur association, et qui leur avait même
confié son fils. Comme ils étaient tous très-
instruits, et bien plus capables, sous tous les
rapports, que les professeurs de l'institut, Lauz
offrit à Pestalozzi plusieurs de ses amis pour
l'aider dans sa maison ; et en même temps
qu'ils devenaient les commensaux du château,
il entrait en pourparlers avec Schmid, qui de son
côté désirait très-vivement trouver la possibilité de payer les dettes de l'institut, afin de pouvoir retourner à Bregenz, avec Pestalozzi, qui
l'aurait accompagné. Mais cette affaire, presque
arrangée, ne se termina point, et Schmid dut rechercher un autre moyen de sortir d'embarras [1].

1. *Lebensschicksale*, p. 90 et suivantes.

Cependant les ennemis de Schmid avaient
cru apercevoir, dans l'admission de ces nouveaux professeurs, un plan combiné pour rendre leurs services superflus ; ils s'empressèrent
donc de s'assurer une position indépendante de
l'institut ; et comme Pestalozzi comptait sur la
continuation des bons offices des Prussiens, il
ne prit aucune peine pour chercher à retenir
ceux de ses collaborateurs qui avaient trouvé
d'autres places. Ce fut à cette même époque,
mais pour d'autres motifs, que Krusi se sépara
de Pestalozzi.

Toutes ces alternatives fatiguèrent Schmid,
et depuis longtemps il cherchait les moyens de
sortir de tous ces embarras, lorsqu'il conçut la
pensée de chercher dans la publication des œuvres complètes de Pestalozzi les moyens de
s'affranchir de toute aide étrangère, d'assurer à l'institut une existence honorable, et d'y
rétablir les principes qui avaient été complète-
ment abandonnés, par suite du mauvais vouloir
des anciens professeurs, et par les fréquentes
mutations qui avaient eu lieu pendant les dernières années.

Dès que Schmid eut mûri cette pensée, qu'il
avait conçue dès le moment de sa rentrée,

comme le seul moyen de sauver l'institut, en
soldant ses créanciers, il se rendit en toute hâte
à Stuttgard, auprès de Cotta, qui déjà, à cette
époque, était à la tête de la librairie allemande;
et muni des pleins pouvoirs de Pestalozzi, malgré les insinuations malveillantes dont on entourait ce dernier pendant l'absence de Schmid,
il réussit à faire un traité qui surpassa toutes
les espérances que l'auteur avait jamais pu
concevoir.

Ce résultat, qui ramenait l'aisance au château, donna à Schmid une plus grande puissance, et les moyens de se passer désormais de
ceux qui ne voulaient pas le suivre dans ses
plans de réforme: il congédia alors les professeurs prussiens qui, en son absence, avaient fait
cause commune avec Niederer; et comme dans
l'espoir d'une plus longue coopération, Pestalozzi avait laissé partir beaucoup de ses anciens
professeurs, il se trouva presque sans maîtres
avec plus d'une centaine d'élèves.

Cette dispersion du personnel, qui était mis
en avant par Niederer dans toutes les circonstances où il fallait susciter à Schmid quelques
entraves, le laissait enfin à découvert. Et
comme il eût fallu combattre de sa personne,

il recula; mais, au lieu de se retirer en silence,
comme Krusi, il voulut faire de l'éclat, et sans
rien dire à Pestalozzi de ses intentions de retraite, il choisit le jour de la Pentecôte pour
l'effectuer publiquement.

Ce jour-là (25 mai 1817), Niederer devait
admettre à la sainte cène les jeunes élèves qu'il
avait préparés. Pestalozzi, ses maîtres, ses élèves, et même des personnes étrangères étaient
réunis dans une grande salle préparée pour cette
solennité, lorsque Niederer, accompagné des
professeurs prussiens qui n'avaient pas encore
quitté Yverdon, monta dans la chaire comme il
en avait l'habitude, pour faire une exhortation
aux jeunes catéchumènes; mais au lieu de remplir cette mission divine, il s'oublia jusqu'à entretenir ses auditeurs des motifs de mécontentement qu'il nourrissait contre Pestalozzi et sa
maison. Il déclara qu'il renonçait désormais à
toute participation aux travaux de l'institut, et
il se permit des allusions si offensantes, que
Pestalozzi, révolté, se leva subitement, l'inter-
rompit dans son discours, et sans penser qu'il
était inconvenant de profaner ainsi la chaire
sacrée, il invita tous les assistants à venir entendre sa réponse le dimanche suivant. Mais la

réflexion ne lui laissa pas commettre cette faute,
l'assemblée n'eut pas lieu[1].

Cette retraite scandaleuse augmentait encore
les embarras de Pestalozzi, car à l'exception de
Schmid, il n'avait plus autour de lui que de
très-jeunes professeurs qu'il avait élevés gratuitement, en faisant de grands sacrifices, et
pour ne pas voir son établissement se dissoudre, il dut mettre à la tête des études un mon-
sieur Lange, auquel il fit des avantages considérables qui excédaient tout à fait ses forces.

Mais cet embarras n'était que passager, et
le motif qui l'avait fait naître aurait été fort
heureux pour Pestalozzi, pour Schmid, et pour
l'Institut, si la haine de Niederer n'avait pas sur-
vécu à sa retraite, et s'il n'avait pas poursuivi
jusqu'à sa mort celui qu'il nommait son père,
et qui avait pour lui une profonde affection.

Les bornes de ce mémoire ne nous permettent pas d'exposer ici tous les faits qui ont été
la conséquence de cette retraite. Bornons-nous
à dire qu'une question d'argent d'un intérêt
très-secondaire, et d'une véracité très-contesta-
ble, fit naître un procès et une correspondance

1 *Lebensschicksale*, p. 106 et 107.

dont chaque page couvre de honte le malheureux Niederer et démontre sa profonde ingratitude; que celui-ci et sa femme tourmentèrent
tellement un vieillard de soixante et onze ans,
qu'il aurait perdu la raison, si de prompts secours n'étaient venus ranimer ses facultés prêtes
à s'éteindre. Il fut obligé d'abandonner sa maison pour se réfugier sur les hauteurs du Jura,
à Bullet, d'où il ne voulait plus rentrer dans sa
maison. On a de la peine à comprendre comment, pour un si faible intérêt, ils osèrent entreprendre contre leur bienfaiteur et leur père
une guerre aussi impie.

Ce fut peu de temps après la retraite de Niederer et le commencement de ses hostilités, que
Fellenberg fit une nouvelle tentative pour se
substituer à Pestalozzi dans la direction de l'institut d'Yverdon. Pestalozzi n'était pas encore
remis de la secousse morale et intellectuelle
que lui avait causée cet événement; il était encore au Bullet lorsqu'il reçut de M. Jullien une
lettre qui l'invitait à se rendre à Berne[1]. Dès
qu'il y fut arrivé, M. Jullien le conduisit chez
M. de Fellenberg, où il reçut un accueil cor-

1. *Fellenberg's Klage gegen Pestalozzi.*—Karlsruhe, chez Macklot,
1827, p. 12 et suiv.

dial et où on lui fit des offres de service. On
ne pouvait pas lui faire de proposition plus
agréable, mais dans cette première entrevue
rien ne fut conclu. Quelques jours après le
retour de Pestalozzi à Yverdon, M. Jullien vint
à l'institut pour causer de cette affaire avec
Schmid, qui accueillit également cette proposition avec empressement, car les nouvelles
conventions passées avec Cotta devaient ab-
sorber tout le temps de Pestalozzi, et dans les
premiers jours de septembre, Schmid se rendit
à Hofwyl pour convenir avec M. de Fellenberg
des bases de cette cession.

Il s'était muni d'une lettre de Pestalozzi pour
Fellenberg, et de pleins pouvoirs pour traiter;
mais dans cette entrevue il ne fit usage que
de la première; après trois jours de conver-
sations à Hofwyl, on était tombé d'accord que
le seul moyen de tirer Pestalozzi d'embarras
était de payer ses dettes, de manière à ce qu'il
pût se retirer; quoique Schmid ne demandât que
cinquante mille francs de France, Fellenberg en
offrait soixante-quinze mille, mais à la condition
que Pestalozzi séjournerait toujours dans l'un
et l'autre des établissements, afin de donner
satisfaction et confiance aux familles démocra-

tiques qui confiaient leurs enfants à Pestalozzi,
et pour lesquels la présence de Fellenberg,
représentant bien connu des principes aristocratiques, aurait été une cause de répulsion.

Cette condition pouvait parfaitement se con-
cilier avec les occupations littéraires de Pestalozzi; Schmid la trouva convenable, et l'on se
sépara en décidant que cette réunion serait
représentée comme un témoignage d'affection
de Fellenberg pour son ami Pestalozzi.

Quelque avantageuse que cette affaire parût
à Schmid, il n'avait cependant pas voulu faire
usage de ses pleins pouvoirs pour la conclure
sans avoir consulté M. Mieg, qui était à Lausanne; il alla l'y trouver, et ce fidèle ami de
Pestalozzi ayant reconnu que cette affaire était
excellente, et qu'elle pouvait recevoir une facile exécution, il avait donné conseil à Schmid
de conclure sur les bases proposées.

Fort de l'appui de Mieg et du consentement
de Schmid, Pestalozzi s'empressa de se rendre
à l'invitation de Fellenberg (7 septembre) qui
le pressait de venir effectuer promptement cette
réunion; il partit et s'établit à Dymmerswyl
chez M. de Muyden, intendant des propriétés
de M. de Fellenberg.

Pendant la première quinzaine de son séjour dans cette paisible retraite, il fut traité avec tous les soins qu'exigeait sa convalescence qu'il avait si bien commencée à Bullet ; toutes ses lettres respiraient le plus profond contentement, et dans les visites qu'il recevait de M. de Fellenberg, il se louait beaucoup de ses égards et de ses procédés.

Mais peu à peu on commença à causer d'affaires, les bases dont parlait M. de Fellenberg n'étaient plus les mêmes que celles qui avaient été convenues avec Schmid et approuvées par M. Mieg ; dès que Schmid eut connaissance des nouvelles propositions de M. de Fellenberg, il comprit qu'on voulait tromper Pestalozzi, et il fit auprès de lui des instances pour qu'il revînt promptement.

Ce n'était pas seulement pour le soustraire à cette influence qu'il l'invitait à revenir ; le projet de réunion avait transpiré, et la ville d'Yverdon elle-même s'était profondément émue à la nouvelle d'une cession faite à un homme qui soulevait contre lui les passions politiques. Le canton de Vaud lui-même donnait à Pestalozzi de nouvelles marques de bienveillance pour le retenir.

De son côté, Fellenberg ne consentit à le laisser retourner à Yverdon qu'avec la promesse de revenir à Dymmerswyl ; il tint sa parole; mais comme, après avoir conféré avec Schmid et les autorités d'Yverdon, il comprit qu'un projet de réunion était impraticable, il ne revint auprès de Fellenberg que pour chercher ses effets. Ce fut alors qu'on le força à apposer sa signature à un contrat que Fellenberg avait fait préparer, et qui contenait des clauses suffisantes pour annuler cette convention.

Une heure après avoir signé cet acte, Pestalozzi ne voulut plus partir sans qu'on le lui rendît et l'on ne parvint à lui faire quitter Hofwyl qu'en dressant un contrat supplémentaire qui permettait de résilier la première convention après un intervalle de deux ans.

Mais il ne fut pas plus tôt de retour à Yverdon, il n'eut pas plus tôt confié à Schmid la violence morale qu'on avait exercée sur lui, que celui-ci demanda immédiatement une copie de l'acte qui avait été dressé, et dès qu'il la reçut il déclara à Pestalozzi qu'il ne pouvait recevoir aucune exécution ; et comme, par l'article 14, toutes les dettes restaient à la charge de Pestalozzi, il manquerait à la confiance que lui avait témoignée

Cotta et aux promesses qu'il avait faites à la
commission d'administration lorsque celle-ci
avait résigné ses fonctions entre ses mains, s'il
livrait ainsi, même pour un temps limité, le seul
gage qui restât aux créanciers de l'établissement,
et il lui démontra qu'il serait préférable de faire
banqueroute.

Pestalozzi remit cette affaire entre les mains
de Schmid, et celui-ci partit pour Hofwyl avec
une lettre que le vieillard adressait à M. de
Fellenberg. Mais cette démarche fut inutile ;
car il trouva ce dernier décidé à agir rigoureu-
sement pour prendre possession de l'institut.

Vers la même époque, Fellenberg avait des
intelligences dans l'intérieur de l'institut d'Y-
verdon ; il appelait chez lui par l'appât d'un gain
plus fort les professeurs qui se distinguaient chez
Pestalozzi ; il transmettait ses instructions à l'un
des professeurs, qui lui était tout dévoué, et il
cherchait à susciter toute la maison contre
Schmid, de manière à obtenir son renvoi.

Persuadé que dès qu'il n'y serait plus on
aurait facilement raison de Pestalozzi, la publication d'une lettre que Schmid adressa à la Gazette Universelle d'Ausgbourg parut favorable à
l'exécution de ce projet : le 14 décembre 1817

17.

quatre professeurs d'Yverdon lui écrivirent pour
le prier d'opter entre eux et Schmid; le choix
n'était pas douteux, et peu de temps après ces
quatre professeurs quittèrent Yverdon [1].

Pestalozzi n'ignorait pas les menées de Fellenberg; il avait même connaissance du contenu
des lettres que celui-ci transmettait à M. Sta-
hele; il savait qu'il avait été le promoteur de la
demande formée par les quatre professeurs, et
qu'il préparait contre lui une publication dont
plusieurs feuilles étaient déjà tirées; dès lors
tout espoir d'arrangement devint impossible, et
il prit la résolution de consolider sa maison de
manière à la rendre indépendante des professeurs qu'il était obligé d'employer.

Ce que nous venons de dire des mutations
fréquentes de maîtres, causait dans la direction
des études une perturbation qui était tout à fait
préjudiciable aux intérêts des élèves et à ceux
de l'établissement. D'un côté, le passé avait
prouvé que l'excessive bonté de Pestalozzi avait
contribué à donner à quelques-uns de ses premiers collaborateurs une trop grande confiance

1. Voir toutes les pièces justificatives relatives à cette affaire
dans le *Fellenberg's Klage*.

en eux-mêmes, qui les portait à se croire capables de se passer de la direction éclairée du
maître. Gâtés par des éloges immodérés, ils
trouvaient rude et pénible le langage de Schmid,
qui leur faisait apprécier leur incapacité. Une
sorte de conflit et de contraste dans les discours
du père de famille qui les associait à ses travaux, et ceux du guide qui devait les diriger
dans la carrière de l'éducation et de l'instruction
pratiques, mettait obstacle à leurs progrès. D'un
autre côté, les professeurs nouveaux n'arrivaient
qu'avec beaucoup de peine et de temps à suivre
convenablement les principes d'une méthode et
des procédés dont on ne pouvait faire un apprentissage convenable qu'à l'institut lui-même.
Très-peu de professeurs avaient su se pénétrer
des sentiments, des vues, de l'esprit dont Pestalozzi était animé; ils manquaient presque tous
de cette grande pureté de cœur, de cette grande
force de volonté, de ce désintéressement profond, de cette simplicité modeste, de cet amour
sincère de la vérité, de l'enfance et de l'humanité, qui aurait dû former leur caractère distinc-
tif, tandis qu'on trouvait dans le plus grand
nombre d'entre eux les prétentions de l'amour-
propre, de la vanité, de l'orgueil et de l'igno-

rance, alliées à une impatience qui leur faisait
penser qu'ils pouvaient s'élancer d'un bond au
plus haut degré de la science si vaste et si compliquée de l'éducation, qui embrasse toutes les
facultés, toutes les nuances de l'esprit et du
cœur humain.

Ces expériences, trop souvent renouvelées,
avaient convaincu Pestalozzi et Schmid que jamais l'institut n'acquerrait un véritable succès
s'ils ne formaient eux-mêmes le personnel dont
ils avaient besoin pour l'éducation et l'enseignement; et comme d'une autre côté Pestalozzi
voulait consacrer à la fondation d'une école de
pauvres les sommes qui devaient lui provenir
de la souscription à ses œuvres complètes, ils
se décidèrent à combiner ces deux idées en
ouvrant un établissement gratuit destiné à former des instituteurs et des institutrices élémentaires capables de pratiquer et de propager son
système d'éducation.

Pestalozzi avait contracté l'habitude de prononcer devant tout l'institut réuni, soit à Noël,
soit le 1er jour de chaque année, soit enfin le
12 janvier, pour l'anniversaire de sa naissance,
un discours où il passait en revue ce qu'on avait
fait dans l'année qui venait de s'écouler et ce

qu'il convenait de faire dans celle où l'on allait
entrer. Dans le discours remarquable qu'il prononça le 12 janvier 1818., le bon vieillard, qui
venait d'atteindre sa soixante-treizième année,
annonça son projet d'école normale des pauvres, à la fondation de laquelle il consacrait
50,000 francs de France, que devaient lui rapporter ses promesses de souscription et le produit de toutes ses publications futures; et comme
son cœur paternel saignait de la désunion qui
existait entre ses disciples, il fit un appel à ses
anciens collaborateurs pour l'aider à accomplir
le rêve de toute sa vie.

« Il y a maintenant cinquante ans, dit-il,
qu'avec ma noble compagne j'ai rêvé et mis à
exécution les plus hautes pensées pour l'éducation et l'amélioration du peuple. Ces plans ont
échoué; j'y perdis ma fortune, et je vécus, avec
mon épouse qui s'était sacrifiée à mes vues, une
longue suite d'années dans une misère sans
nom.... Dans ces circonstances j'aurais pu,
par la vente de mon bien de Neuhof,. trouver
des ressources économiques qui auraient allégé
nos souffrances; mais mon cœur répugnait à
aliéner ce vieux séjour des rêves de ma jeunesse... J'avais toujours devant les yeux l'es-

poir que je pourrais encore renouer avant ma
mort le fil de l'œuvre que j'avais été obligé d'interrompre... Voici le jour arrivé ;... mais l'amie
de ma jeunesse qui s'est sacrifiée pour moi
n'existe plus... elle repose là, sous mes noyers
d'Yverdon; mais si elle ne peut plus prendre
part à la bénédiction de Dieu, qui me conduit
au but vers la fin de ma carrière, je relèverai à
sa mémoire les ruines de Neuhof, pour le service de ses nobles buts, en vue desquels elle
avait associé sa vie à la mienne...

« Et vous, amis et frères, s'écrie-t-il en terminant, devenez les réformateurs de ma maison, soyez les régénérateurs de son esprit,
soyez témoins que les sentiments de ma jeunesse, que j'ai déposés comme une fleur dans
Léonard et Gertrude, arrivent aujourd'hui à
leur maturité complète et qu'ils vivent encore
en moi. Oui ! ce sentiment vit en moi, c'est lui
qui m'anime encore et qui m'animera jusqu'à
mon tombeau...

« Frères, c'est dans cet esprit de ma jeunesse, c'est dans cet esprit des jours présents
que vous devez vous associer à moi pour fonder
ce qui doit être le résultat de tous les efforts de
ma vie; c'est dans cet esprit et non pas dans un

autre que je vous invite *tous, tous,* à une sainte
réunion basée sur l'amour. Aimez-vous les uns
les autres comme Jésus nous a aimés. L'homme
animé de ce sentiment ne peut produire aucun
mal, aucun abus ; il ne peut ressentir l'orgueil,
la prétention, l'égoïsme et l'aigreur ; il n'aime
pas l'injustice, il se réjouit de la vérité, il sup-
porte tout, il croit tout, il inspire tout, il tolère
tout... Amis, frères, si nous nous aimons réci-
proquement comme Jésus nous a aimés, nous
surmonterons toutes les difficultés qui s'op-
posent encore à notre but, et nous serons ensuite en état de bâtir notre maison sur le roc
éternel que Dieu a désigné lui-même par Jésus-
Christ, comme le fondement de la régénération
de l'espèce humaine [1]. »

Cet appel touchant et véritablement chrétien
du bon Pestalozzi aurait dû mettre un terme à
cette mésintelligence funeste, dont les effets
avaient été et étaient encore si nuisibles à l'accomplissement de ses vues. Aucun sacrifice ne
lui aurait coûté pour cela, mais ses avances
furent repoussées, et Niederer et Krusi, au lieu

---

[1] *Pestalozzi's Sämmtliche Schriften,* tom. ix *Rede an mein haus·*
Cotta 1822.

de se jeter sur la main qui leur était tendue par
le noble vieillard, firent imprimer leur refus dans
les termes les plus hautains; dès ce moment
même ils montrèrent encore une plus grande
malveillance, une plus grande animosité contre
l'établissement de Pestalozzi. Ce discours fit
une impression toute différente sur M. de Fellenberg : il renonça aux droits que lui donnait
le traité signé par Pestalozzi, et il fit prévenir
ce dernier qu'il allait anéantir la publication
qu'il avait commencée contre lui [1].

Dès que Pestalozzi fut convaincu qu'il ne
pouvait plus compter sur la collaboration de ses
anciens disciples, il se mit à l'œuvre ; le petit
nombre de souscriptions reçues ne lui permet-
tant pas de fonder immédiatement son école de
pauvres à Neuhof, il loua à Clindy, village peu
distant du château où il conservait toujours l'institut, une maison capable de recevoir provi-
soirement les élèves, qu'il se proposait de recueillir, et qu'il choisissait avec soin dans le
grand nombre de ceux qu'on lui proposait de
toutes parts. Ce fut en novembre 1818 qu'il ou-

1. Lettre de M. Sauerlander d'Aarau à Pestalozzi, 27 janvier
1818.

vrit ce nouvel établissement ; la sœur de Schmid,
mademoiselle Marie, ancienne disciple d'Yverdon, était chargée du régime économique de la
maison, dans laquelle on reçut tout d'abord
douze élèves des deux sexes.

En admettant ces élèves, Pestalozzi voulait
surtout former des maîtres qui devaient se consacrer exclusivement à la direction des écoles
de campagne, des maisons d'orphelins et de
tous les établissements destinés au soulagement
des classes pauvres et délaissées, et dans lesquels on ne peut allouer qu'un très-faible salaire aux instituteurs pour prix de leur dévouement ; il voulait donc leur imposer une grande
humilité et une profonde piété ; il s'attachait à
les rendre inaccessibles à l'amour de l'argent,
de la gloire et de la renommée ; il cherchait à
leur inculquer tous les sentiments d'abnégation
personnelle qui pouvaient les porter à se consacrer par goût à l'éducation des pauvres et
des petits : c'était encore pour leur rendre l'accomplissement de leur mission plus facile, qu'il
écartait de leur éducation tout ce qui pouvait
les habituer à la nonchalance, à des jouissances
inutiles et frivoles, à des envies difficiles à satisfaire dans l'état de pauvreté au milieu duquel

18

ils devaient vivre ; il les accoutumait à faire tous
leurs efforts pour s'endurcir aux souffrances, et
il considérait cette éducation comme le fondement essentiel de tout bon établissement normal.

Ce plan reçut l'assentiment général, et les
premières familles voulurent s'y associer en lui
confiant, moyennant une pension annuelle de
douze louis d'or, des enfants dont les parents
avaient éprouvé des revers de fortune. Malgré la
répugnance du fondateur à admettre un semblable mélange, il dut céder à diverses considérations ; mais il renvoyait impitoyablement ceux
qui ne voulaient pas se soumettre au régime
sévère qu'il avait adopté.

Au bout de quelques mois, le nombre des
élèves s'éleva jusqu'à trente jeunes gens dont la
discipline et les progrès faisaient l'admiration
des nationaux et des nombreux étrangers qui
venaient visiter cette maison. Plusieurs Anglais,
parmi lesquels se distinguaient MM. Greaves
et Mayo, prenaient toutes leurs dispositions
pour faire recevoir dans cette école une vingtaine d'enfants pauvres d'Angleterre, afin de
propager la méthode dans ce pays où l'un d'eux
voulait ouvrir un institut pestalozzien. A Yver-

don, on recherchait avidement les leçons des
élèves de Clindy, et on les préférait à celles des
professeurs plus âgés. Pestalozzi voyait avec
plaisir ce résultat, et il saisissait avec bonheur
toutes les circonstances qui pouvaient donner à
ses disciples l'occasion de mettre en pratique
les préceptes qu'il leur donnait. Du reste, le
zèle et le dévouement de ces jeunes gens n'a-
vaient pas besoin d'être excités : quelques-uns
d'entre eux, dit Pestalozzi, allèrent pendant
une année entière deux ou trois fois par semaine à Granson pour donner à des personnes
beaucoup plus âgées qu'eux les enseignements
qu'ils avaient reçus, et cela, le matin avant le
jour, malgré le brouillard, la pluie ou la neige ;
et quand on voulait les retenir à Clindy par de
très-mauvais temps ou par des froids rigou-
reux, ils répondaient ordinairement en souriant :
« Quand on veut devenir quelque chose, il faut
apprendre à supporter quelque chose[1]. »

Malheureusement, Pestalozzi ne savait pas
résister au désir de donner un grand développement aux facultés intellectuelles de ses élèves,
et au lieu de restreindre son enseignement, il

1. *Lebensschicksale*, p. 208 et suiv.

commit la même faute qu'il avait déjà faite à
Berthoud, et qui l'avait entraîné bien loin de
son but; il eut l'imprudence d'enseigner à ses
futurs instituteurs des pauvres, les langues anciennes, qu'il avait ramenées aux principes les
plus élémentaires; il avait consenti à laisser son
ami Greaves, qui lui avait confié des élèves d'Angleterre, donner des leçons de sa langue maternelle; on y joignit également l'étude du français. En agissant ainsi, Pestalozzi croyait seule-
lement fournir à ses disciples les moyens de
propager ses principes en Angleterre, en France
et en Allemagne, il voulait faire une école normale pour ces trois nations. Les méthodes employées étaient si rapides que les progrès des
élèves furent surprenants; il ne s'était pas écoulé
deux ans, que l'enseignement de l'école de pauvres ne différait plus en rien de l'institut établi
au château : « Je n'avais déjà plus à cette époque d'école de pauvres, dit Pestalozzi, mais
par contre j'avais deux instituts scientifiques. »

Bientôt des raisons économiques firent transporter les élèves de Clindy au château d'Yverdon. Ce mélange des élèves pauvres et des élèves riches suscita à Pestalozzi de nombreuses
observations de la part des familles aristocra-

tiques du canton ; mais c'était là un des points
sur lesquels Pestalozzi ne voulait jamais céder,
et quoiqu'il pût résulter de son opiniâtreté un
dommage économique pour sa maison, il résista
à toutes les sollicitations.

D'ailleurs tout ce qui dans le cours de sa longue carrière avait toujours manqué à Pestalozzi
pour accomplir son but se trouvait actuellement
réuni sous sa main : il venait de former de jeunes maîtres qui lui étaient attachés par les liens
de l'affection et de la reconnaissance, et la souscription lui permettait de disposer de sommes
assez considérables; il n'avait plus autour de lui
personne qui contrariât ses vues; Schmid partageait ses convictions et était tout prêt à le seconder. Ce fut alors qu'il revint au désir de réformer sa maison, de la ramener à un simple
établissement d'instruction élémentaire, d'admettre de préférence de jeunes enfants qui lui
permissent d'appliquer, à l'aide de ses jeunes
professeurs, les principes qui étaient le fruit de
sa longue expérience; il voulait en outre continuer au château son école normale gratuite pour
la formation des instituteurs et des institutrices;
enfin il désirait ramener dans son plan cet apprentissage d'une profession agricole ou manu-

18.

factorière qui devait toujours être selon lui le
complément de tout bon système d'éducation.
Il publia à ce sujet, en 1820[1], un nouveau prospectus dans lequel il consigna les vues que nous
venons de rappeler; et comme, vu son grand
âge, il ne voulait pas sacrifier inutilement des
sommes assez considérables pour l'exécution de
constructions et des dispositions à faire dans un
château dont il n'avait que la jouissance viagère,
il s'adressa à la municipalité d'Yverdon pour
obtenir en faveur de son établissement une prolongation de jouissance pendant quinze à vingt
ans après sa mort.

L'annonce des réformes que Pestalozzi voulait effectuer dans son institut, les sommes considérables dont il pouvait disposer, grâce aux
abondantes souscriptions qui avaient accueilli
ses publications et à l'émancipation de Gottlieb
qui laissait sa fortune à sa disposition, et par-
dessus tout cela la demande de prolongation
adressée par Pestalozzi, causèrent à Niederer, à
Krusi et à Naëf, des craintes sérieuses pour la
ruine des établissements qu'ils dirigeaient en
concurrence avec celui de Pestalozzi; ils pré-

1. Ein Wort, etc. Zurich 1820.

sentèrent, le 3 mars 1821, une adresse à la
municipalité d'Yverdon, qui était toute disposée
à accueillir la demande de prolongation; ils la
menacèrent de quitter la ville avec leurs élèves
si l'on accordait l'autorisation demandée.

Il serait difficile d'exposer dans tous leurs détails les procès qui intervinrent entre Niederer,
Krusi et Naëf, d'une part, Pestalozzi et Schmid
de l'autre, et tous les incidents auxquels ces
contestations donnèrent naissance. Nous nous
bornerons à dire que l'attaque fut commencée
par un pamphlet de Meyer[1], professeur de Niederer, qui prenait à tâche de tourner en ridicule
les projets de réforme annoncés par Pestalozzi
et qui répandait contre lui de honteuses calomnies. Schmid, de son côté, publia sous le titre
de *Vérités et Erreurs* une brochure dans laquelle il accumula des pièces authentiques qui
prouvaient toute l'incapacité, l'indélicatesse,
toute l'ingratitude des hommes qui dirigeaient
ces attaques parricides contre Pestalozzi.

Ce fut en vain que le gouvernement du canton de Vaud chercha à faire cesser ce scandale

1. *Wie herr Joseph Schmid die Pestalozzische Anstalt leitet :* par
opposition au volume intitulé : *Comment Gertrude élève ses enfants,*
par Jér. Meyer. Stuttgard, 1822, in-8° de 221 pages.

en déléguant à deux reprises différentes, d'abord
l'ancien syndic d'Orbe, M. Carrard, et plus tard
M. Duthon, préfet du cercle d'Yverdon, pour tâ-
cher de ramener la bonne harmonie ; toutes ces
tentatives échouèrent devant la haine que Niederer manifestait contre l'homme qui le considérait encore comme un fils égaré ; car, en effet,
Pestalozzi, bon jusqu'à la faiblesse , faisait encore auprès de ses persécuteurs des démarches
personnelles pour les ramener à de meilleurs
sentiments. On ne peut lire sans émotion cette
lettre qu'il leur écrivait le 1er février 1823, pour
solliciter une réconciliation.

« Après mon entretien d'hier, disait-il, je réi-
tère par ces lignes écrites l'assurance que je
prie M. et madame Niederer, au nom de Dieu et
de son infinie miséricorde, de me délivrer enfin
des tourments que me fait souffrir depuis bientôt six ans, la torture d'une guerre de persécutions conduite avec impiété, et, je le dis franchement, d'une manière meurtrière pour nos
âmes, avec un acharnement et un endurcisse-
ment antichrétiens qui divisent depuis longtemps nos maisons d'éducation qui se disent
chrétiennes.....

« Cher M. Niederer, chère madame Niederer,

je suis près de ma tombe, laissez-moi y descendre en repos et en paix. Je dois ajouter à ce
souhait, que j'ai encore quelque chose à faire
sur cette terre; aidez-moi, et faites en sorte que
je puisse le consommer sans chagrin et sans
trouble et que je ne doive pas le faire sous la
torture, de notre indigne procès. Je vous pro-
mets que je reconnaîtrai jusqu'à la dernière
heure de ma vie, en amour chrétien, la main
secourable que vous me tendrez pour le but des
efforts auxquels je l'ai consacrée. »

Ces nobles paroles n'arrêtèrent pas les hostilités; battu en Suisse par les tribunaux de première instance et d'appel, Niederer transporta
ses attaques et ses diffamations dans la *Gazette
universelle d'Augsbourg*, dans l'espoir d'échapper aux poursuites; mais son calcul fut trompé,
et il fut obligé de comparaître à Yverdon et de
répondre devant la justice de son pays.

Ces défaites successives amenèrent une demande d'arbitrage. C'était un moyen pour gagner du temps, on le mit à profit. Les pièces
n'étaient pas entre les mains des arbitres quand
le juge de paix, Fatio, représenta verbalement
et confidentiellement à Pestalozzi qu'il pourrait
être utile d'éloigner Schmid que l'on considé-

rait comme le seul obstacle au rétablissement
de la bonne harmonie entre lui et Niederer. Pestalozzi refusa d'y consentir, tant qu'on ne lui
donnerait pas par écrit les motifs qu'on pouvait
avoir d'exclure Schmid du canton. Le juge de
paix ne pouvant répondre à cette demande,
Pestalozzi se rendit à Lausanne, où il vit indivi-
duellement les membres les plus considérables
du gouvernement vaudois, qui se renfermèrent
dans le même silence sur les motifs d'exclusion.
Une correspondance volumineuse fut alors
échangée entre Pestalozzi et le gouvernement
lui-même. Poussé à bout, celui-ci se borna à
déclarer que Schmid étant étranger, le gouvernement avait le droit de lui retirer son permis
de séjour sans avoir à rendre compte des raisons qui pouvaient motiver cette mesure.

Pestalozzi aurait cédé à des motifs raisonna-
bles, mais il détestait l'arbitraire et déclara qu'il
suivrait Schmid dans son exil, soit à Neuhof,
soit à Bregenz, là où il voudrait se retirer, et il
se borna à demander le délai suffisant pour liquider les affaires d'Yverdon et pour remettre
ses élèves à leurs familles. En vain, le 30 novembre 1824, le jugement arbitral donna raison à
Pestalozzi contre Niederer; en vain la ville d'Y-

verdon, dont les intérêts matériels étaient vivement intéressés dans cette question, fit auprès
de l'excellent vieillard les instances les plus vives pour qu'il continuât à séjourner au château,
il se montra inexorable et il fit dès lors tous ses
préparatifs de départ.

CHAPITRE VIII.

1825 à 1827.

NEUHOF.

Dernières années et mort de Pestalozzi.

Dès qu'on apprit que, par suite des tracasseries qui lui étaient suscitées, Pestalozzi devait
quitter Yverdon, il fut invité par M. Morin, chef
d'une institution importante, et par M. Ordinaire, ancien recteur de l'Académie de Besan-
çon, à venir passer quelques mois à Paris pour
s'occuper de concert avec eux des moyens de
rendre plus rationnel l'enseignement élémentaire des langues mortes. Malgré son grand âge,
Pestalozzi ne crut pas devoir décliner une invitation qui lui permettait d'appliquer ses vues
sur l'étude des langues dont il s'était beaucoup
occupé dans les dernières années de sa vie;
mais on craignit pour lui les fatigues de ce

voyage, et le 2 mars 1825, il se retira à Neuhof,
auprès de son petit-fils Gottlieb, qui avait épousé
une sœur de Schmid et qu'il avait mis à la tête
de cette propriété importante, sur laquelle il
avait fait construire en 1823, dès qu'on lui avait
suscité dès tracasseries à Yverdon, un vaste bâtiment destiné à recevoir cette école de pauvres
qu'il rêvait sans cesse.

Ce fut dans cette solitude qu'il continua ses
travaux littéraires d'une manière tellement suivie, qu'indépendamment de deux volumes publiés sous les titres de *Lebensschicksale* (desti-
nées de ma vie), et de *Schwanengesange* (chant
du cygne), et dans lesquels on trouve de précieux détails sur sa vie, ses efforts, et sur les
causes de la ruine de ses instituts, il s'occupait
d'importants travaux sur l'enseignement des
langues étrangères, mortes et vivantes, et il
avait aussi considérablement avancé un 2ᵉ volume de son *Lebensschicksale*, et une suite à
Léonard et Gertrude, où il se proposait d'exposer les mesures que doit prendre l'État pour
continuer l'éducation morale et intellectuelle
des jeunes gens qui sont entrés dans le monde,
comme il avait exposé dans les premiers vo-

lumes l'éducation de la famille par *Gertrude*,
et celle de l'école par *Gluelphi.*

Ces travaux ne suffisaient pas encore à son
activité ; le succès si flatteur et si inespéré de
ses œuvres complètes allemandes lui avait
inspiré la pensée d'étendre et d'accroître les
effets de cette première publication.

« C'est après cinquante années d'épreuves,
dit-il dans un prospectus qu'il publia en 1826,
c'est après cinquante années d'épreuves et
d'expériences répétées chaque jour, à chaque
instant, sur des caractères et des esprits naturellement fort divers, sur de nombreuses générations d'élèves tour à tour instruites et formées
dans nos écoles, que nous avons cédé pour la
première fois aux sollicitations pressantes de
juges et d'approbateurs éclairés, en annonçant
la publication successive, en langue allemande,
de chacune des parties dont se compose l'ensemble de notre système d'éducation et d'enseignement. Cette annonce a été accueillie par
ceux à qui elle s'adressait le plus particulièrement, avec un empressement qui a de beaucoup
surpassé toutes nos espérances. Il n'est point de
gouvernement en Allemagne qui ne nous ait ho-
noré d'une faveur toute spéciale : approbations,

priviléges, encouragements, tout ce qui facilite
la publication d'un ouvrage et peut en assurer
la réussite, nous avons tout obtenu. LL. MM.
l'empereur de Russie et le roi des Pays-Bas
ont daigné nous accorder une semblable pró-
tection. A ces témoignages augustes de bienveillance, s'est joint le suffrage non moins précieux de l'opinion publique. Le genre d'utilité
qui avait été le but constant de nos observations et de nos études journalières, n'a échappé
à personne ; des procédés simples, des résultats
positifs, en fait d'enseignement, frappent tous
les esprits. Les mères, surtout, ont vivement
senti l'avantage de pouvoir, à l'aide de notre
méthode, achever ainsi qu'elles la commencent,
l'éducation de leurs enfants. Dans tous les
rangs, dans toutes les classes de la société,
par les simples particuliers comme par les
personnages les plus éminents en dignité, par
les maîtres d'école des villages les plus obscurs
comme par les professeurs les plus renommés
des universités le plus justement célèbres, nos
écrits ont été appréciés, recherchés ; et le débit
en a été si considérable, qu'il s'en est vendu,
par voie de souscription, plus de trente mille
volumes.

« Cependant il est encore deux nations dont
l'auteur d'une découverte, en quelque genre
que ce soit, est jaloux de mériter le suffrage ;
je n'ai pas besoin de nommer la France et
l'Angleterre. La connaissance de la langue allemande n'est assez répandue ni chez l'un, ni
chez l'autre de ces peuples, pour que je puisse
me flatter que mes ouvrages, à moins d'être
traduits, y trouvent un grand nombre de lecteurs. J'aurais pu laisser au temps le soin de
créer ces traductions ; mais on me pardonnera
de vouloir que mes idées, quelles qu'elles
soient, quelles qu'on puisse les juger, soient
transmises dans ces deux pays, comme partout
ailleurs, sans altération, sans modification,
telles que les ai conçues, telles que je les con-
çois encore.

« J'ai donc l'intention, et j'ai pris sur moi la
tâche de faire paraître en langue française et
en langue anglaise, séparément, la partie au
moins la plus essentielle des ouvrages que j'ai
déjà publiés en Allemagne.

« En me chargeant de ce nouveau travail,
qui peut paraître pénible à ma vieillesse, j'avoue
franchement que je crois encore répondre à un
appel qui m'est fait depuis longtemps, souscrire

à des vœux qui m'ont été maintes fois exprimés par des hommes du rang et du mérite le plus élevé, et dont l'expression se retrouve peut-être et se reproduit plus hautement encore dans les imitations plus ou moins fidèles, plus ou moins maladroites que l'on pourrait faire de mon système dans les deux pays auxquels je destine cette seconde publication.

« Si je différais davantage, mon intention, conforme à cés vœux, ne pourrait s'accomplir. Je touche à ma quatre-vingtième année; le temps me presse, et l'âge m'avertit que je n'ai plus un instant à perdre, si je veux, à la fin de ma carrière, rester fidèle au principe qui a dirigé toute ma vie, le désir de me rendre utile...[1]»

Il tenait tellement à réaliser ce projet, qu'en mai 1825, il envoya Schmid à Paris et à Londres afin qu'il prît toutes les dispositions nécessaires pour cette publication, et pour recueillir des souscriptions. Pendant ce temps il faisait encore des plans pour l'exécution de son œuvre favorite, son école de pauvres; il se reposait sur Schmid du soin de l'exécution, il lui re-

1. *Plan d'éducation et d'enseignement et moyens de le mettre à exécution.* Paris, 1896.

· 19.

commandait de mettre à profit son séjour en
France et en Angleterre pour se renseigner sur
des industries qui pourraient fructueusement
être pratiquées dans l'intérieur de cet établissement qu'il tenait à voir fonctionner avant sa
mort; malgré son grand âge il ne perdait pas
l'espoir : « Cher, très-cher Schmid, écrivait-il à
ce dernier, le 27 juin 1826, ce que j'ai rêvé et
senti instinctivement sur la réunion de l'agriculture, de l'industrie et de l'éducation est une de
ces pensées que je n'ai pu réussir à exécuter
par suite d'une maladresse et d'une légèreté qui
ont attiré des milliers de souffrances et de douleurs sur les miens et sur ceux qni me chéris-
saient le plus; mais toi tu mettras en évidence
que ce point de départ est vrai, que tout dépend
de ce commencement. J'espère encore voir ger-
mer les premières semences pendant ma vie;
quant aux tentatives qui seront faites après ma
mort, je suis sûr qu'elles seront en harmonie
avec les idées de ma plus tendre jeunesse que
j'ai exécutées si malheureusement et si mal-
adroitement..... Si ton plan est exécuté, nous
atteindrons bientôt un but qui satisfera tout le
monde; bref, mon petit-fils, qui a pour toi une
si profonde affection, te secondera avec toute

l'ardeur d'un cœur jeune et candide : il ne peut
pas beaucoup, mais ce peu a sa valeur. Moi, je
suis encore moins, mais je suis sûr que si je
n'étais pas à moitié aveugle, et si ma mémoire
était plus fidèle, je te seconderais dans ce moment mieux que tout autre..... Je voudrais commencer par une industrie qui mît à profit les
cornes et les os, il faut bien examiner tout ce
que tu pourras trouver sous ce point de vue, et
voir de quelle manière on pourrait introduire ce
genre de travail à Neuhof..... Mes espérances
sont grandes, mais je ne me fais pas illusion;
et je sais bien que tout repose sur une exécution
bien combinée et bien raisonnée..... Quant aux
élèves, nous prendrons ceux dont nous aurons
besoin parmi les enfants illégitimes du canton
d'Argovie ; Herzog et Hunerwald, qui nous comprennent parfaitement, nous seconderont de tout
leur crédit pour nous confier l'éducation industrielle de ces malheureux..... Si Dieu le veut,
excepté les voyages que tu fais à Paris et à Londres, tu resteras pour toujours à Neuhof où je
sais que tu te mettras jour et nuit à la chaîne,
comme Sultan, pour exécuter ton travail projeté. Je sais bien que tu trouveras au Tyrol un
terrain plus propice qu'en Suisse, mais je ne

puis me défaire de la pensée que tu resteras
avec moi et que tu m'aideras à mettre à exécution le plan que nous avons déjà tant de fois
discuté. »

Toutes les lettres que Pestalozzi écrivait à
Schmid pendant son absence sont empreintes
du désir de le voir revenir promptement pour
se mettre à l'œuvre; en attendant ce moment,
il sortait fréquemment et on le voyait se promener avec plaisir à travers champs et au milieu des forêts, il faisait des visites aux vieux
paysans qu'il connaissait, il s'entretenait ami-
calement avec eux. Cette vie active ne le satis-
faisait cependant pas encore tout à fait, tant il
était tourmenté du désir d'être utile. Il n'y avait
point d'instituteur à Birr, dit l'un de ses biogra-
phes, il se fit maître d'école; on manquait d'un
local pour l'école elle-même, il voulut bâtir une
maison tout exprès, épuisant à cet effet ses dernières ressources; ne ménageant aucune démarche auprès des autorités supérieures d'Aarau, faisant une collecte de porte en porte, et
lorsqu'on essayait de le détourner de son dessein en lui montrant les difficultés : « N'ayez
aucune crainte, répondait-il, les bonnes gens
me viendront en aide. »

Ce fut pendant sa retraite à Neuhof que ses concitoyens le nommèrent président de la Société Helvétique dont il était le plus ancien membre, afin de lui prouver toute la reconnaissance que la Suisse entière avait pour ses importants travaux. Il présida, le 26 avril 1826, la réunion qui eut lieu à Langenthal ; il y prononça un discours sur la patrie et sur l'éducation agricole et manufacturière, ces deux sujets si chers à son cœur, où l'on retrouve encore toute la verve, toute l'éloquence simple de ses anciens écrits. Il appelle tout l'intérêt, toute la sollicitude de ses collègues sur l'état des classes pauvres « qui rendront alors au pays le centuple des sacrifices qu'on aura faits pour les instruire;.... ce n'est pas pour eux, s'écria-t-il, que je vous le demande, c'est pour vous, c'est dans votre propre intérêt que je vous sollicite[1]. »

Ce noble vieillard éprouva encore de bien douces sensations lorsqu'il alla visiter, le 21 juillet 1826, l'asile d'orphelins et de pauvres fondé en 1820, à Beuggen, près de Rheinfel-

[1]. *Verhandlungen des Helvetischen Gesellschaft zu Langenthal im Jahr 1826.* Zurich, Fried. Schulthess.

den, par les Bâlois ; il avait été convié à cette
visite par les fils de Legrand, de ce noble directeur de la Suisse qui avait tant secondé Pestalozzi dans ses vues philanthropiques et qui passa
ses derniers jours dans la plus étroite intimité
avec Oberlin, cet autre philanthrope qui sauva
tout le ban de la Roche de la sauvage barbarie
dans laquelle il vivait plongé, et qui eut le premier la gloire d'avoir introduit en France l'institution des salles d'asile.

La reconnaissance qu'il éprouvait toujours
pour les services que lui avait rendus Legrand,
l'avait seule porté à entreprendre ce voyage.
La réception qui lui fut faite versa cependant
un baume bienfaisant sur son âme ulcérée, ses
larmes coulèrent avec abondance lorsque ces
pauvres orphelins vinrent le recevoir en chan-
tant la prière des enfants de *Léonard et Gertrude* et en lui offrant une couronne de chêne
qu'il refusa ; il fut bien heureux de voir ses principes mis en pratique par M. Zeller, l'honorable directeur de cet établissement ; mais ce qui
impressionna surtout cette âme généreuse, ce
fut de voir enfin un institut de pauvres fondé
par la pieuse munificence des amis de l'humanité, jouir aussi de la protection du gouverne-

ment dont il dépendait ; il éprouva un bien vif
sentiment de satisfaction lorsqu'il vit que la politique commençait à envisager sans alarmes les
progrès des lumières , qu'elle comprenait enfin
que la meilleure voie pour prévenir les rébel-
lions n'est pas de comprimer le peuple, mais de
l'éclairer, et qu'au lieu de voir avec crainte et
défiance les progrès de l'instruction chez les
pauvres, elle se plaisait à les favoriser ; il était
surtout fier de penser que les efforts de sa vie
n'avaient pas été inutiles pour faire triompher
ce principe : que le plus sûr garant du bonheur
des hommes, de la tranquillité des États et de la
stabilité des trônes, consiste à donner au peuple une éducation morale, civique et religieuse,
et une instruction conforme à la position qu'il
doit occuper dans la société.

Le 21 novembre 1826, il assistait encore à
une réunion cantonale d'éducation à Brugg,
où il lisait une esquisse sur les moyens élémentaires à employer pour l'instruction des enfants,
depuis le berceau jusqu'à la septième année,
époque à laquelle ils peuvent recevoir l'éducation de l'école [1]. Ce fut là son dernier discours

1. *Versuch einer Skizze*, etc.

public, discours dans lequel il résume tout ce
qu'il avait dit précédemment sur l'immense
influence que doit avoir cette éducation première sur tous ceux qui peuvent être assez heureux pour la recevoir.

Pestalozzi se livrait avec bonheur à ces travaux excessifs pour son âge ; mais , grâces aux
soins les plus touchants dont il était entouré
par l'affection de son petit-fils Gottlieb et de la
femme de ce dernier, sa santé semblait lui promettre encore une longue vieillesse lorsque ses
jours furent empoisonnés par la publication d'un
pamphlet de Biber, professeur et prête-nom de
Niederer, qui, ranimant d'anciens débats, accu-
mulait sur Pestalozzi les imputations les plus ca-
lomnieuses, les injures, les blasphèmes, les im-
postures les plus odieuses [1]. A la lecture de ce
tissu de mensonges, le sang de Pestalozzi s'al-
luma; il perdit le sommeil, et en l'absence de
Schmid qui était encore à Paris , il voulut répondre. Ce travail fut mortel pour lui, il le sen-

---

[1] *Beitrag zur Biographie Heinrich Pestalozzi's* von Eduard Biber.
St-Gall , in-8°, 1827. Dans son excellente *Histoire de la Pédagogie*, Karl de Raumer exprime, sur cet ouvrage, son opinion en ces
termes : *C'est le nec plus ultra de l'impiété et de l'injustice.* T. II,
page 292.

tit bien, car dès le 15 février 1827, il fit ses dispositions testamentaires.

On voit en lisant ce document important, combien ce noble vieillard regrettait de ne pas terminer son œuvre et de n'avoir pas le temps de répondre aux calomnies répandues contre lui et contre Schmid.

« Je suis sur mon lit de mort, dit-il, et je touche à la fin de ma carrière. J'aurais voulu vivre encore quelques mois, tant pour l'œuvre de ma vie que pour ma justification et celle de Schmid; mais je suis résigné et je meurs volontiers. Joseph Schmid devra se mettre à ma place; il s'y mettra, il sera le père de mes enfants. Il continuera de prodiguer à mon petit-fils, à son épouse et à leurs enfants sa fidélité, son amour paternel et sa plus tendre sollicitude.

« Quelque méconnu qu'il soit maintenant du monde, le monde lui rendra la justice qu'il mérite. Il a beaucoup fait, il a infiniment souffert et pour moi et pour ma maison. Il a tout sacrifié pour moi, et il n'a reçu de moi que la nourriture et les vêtements. Je suis son débiteur, et je donnerais ma vie pour lui. Il est mon sauveur, le sauveur de ma maison, quoique ses ennemis et les miens l'accusent et le persécutent. S'il a

manqué, il a manqué par condescendance pour
moi. C'est pour me complaire qu'il a voulu faire
l'impossible. Outre que par l'ordre et par une
sage économie, ainsi que par le meilleur mais
toujours juste emploi des moyens qui étaient
entre ses mains, il tendait à couvrir les dettes
de ma maison, il voulait encore par là fonder
et consolider une institution pour les pauvres
d'après mon idée, mes sentiments et ma volonté. Il a atteint le premier but. Il m'a sauvé
économiquement. Il a payé toutes les dettes de
ma maison ; mais il ne pouvait parvenir au second, il ne pouvait maintenir mon institution
des pauvres, déjà par la raison que, nonob-
stant d'autres causes d'un effet funeste, beaucoup de sommes qui devaient me revenir par
la souscription de la nouvelle édition de mes
œuvres ne sont pas rentrées.

« Schmid n'a ruiné ni l'un ni l'autre des instituts que j'avais à Yverdon, comme ses ennemis et les miens l'en accusent et le calomnient,
à cet égard, en face du monde, d'une manière
inouïe. C'est à cause des relations contraires et
hostiles, dans lesquelles nous avons été forcés
de vivre les dernières années de notre séjour à
Yverdon, que j'ai supprimé mon premier insti-

tut, et c'est en vain que nos ennemis font
tant de bruit de cette suppression; car il n'était
pas propre à favoriser le but primitif de mes
efforts...

« Je me suis retiré à mon cher Neuhof pour
m'y vouer exclusivement à la réalisation de
mes vues premières. J'y ai travaillé. Aucune
des invectives, aucune des persécutions auxquelles les papiers publics se sont prêtés de si
bonne volonté, ne m'ont troublé dans mon repos
et dans mes travaux; mon ouvrage a toujours
avancé, et j'ai osé espérer que, si une fois mes
moyens d'instruction élémentaire paraissaient,
ils emporteraient les suffrages des psychologues
impartiaux, que par eux je parviendrais à en
faire l'essai que j'ai toujours souhaité avec tant
d'ardeur de réaliser.

« Ce que j'ai désiré n'aura pas lieu. Je dois
quitter le travail sans pouvoir l'achever. Je
laisse à mes amis le soin de décider si on en
fera usage, et quel sera l'usage qu'on en fera,
cependant à la condition qu'il sera employé
uniquement pour l'avancement et le succès de
l'œuvre qui a été le but constant de tous mes
efforts.....

« Puisse ma cendre faire taire les passions

sans bornes de mes ennemis, et mon dernier
appel les émouvoir à faire ce qui est juste avec
la tranquillité, la dignité et la décence qui con-
viennent à des hommes ! Puisse la paix dans
laquelle j'entre, amener aussi mes ennemis à la
paix ! Dans tous les cas je leur pardonne, — je
bénis mes amis et j'espère qu'ils se souvien-
dront avec amour du défunt, et que même
après sa mort il favoriseront de toutes leurs
forces les efforts auxquels il a consacré sa
vie. »

On le conduisit le lendemain de Neuhof à
Brugg pour qu'il fût plus près de son chirurgien.
Le trajet se fit en traîneau sur la terre couverte
de neige ; la fièvre ne l'avait pas quitté et lui
causait une agitation extrême. Tantôt il écrivait
les souffrances que lui avaient fait éprouver les
attaques de Biber, les douleurs que lui causait
le mépris avec lequel on appréciait l'œuvre de
toute sa vie, les regrets qu'il avait de mourir
avant de l'avoir achevée ; tantôt il parlait à sa
famille, à ses enfants réunis, des pauvres au
soulagement desquels il avait voué son existence.

Vers quatre heures du matin, le 17 février,
Pestalozzi devint plus tranquille ; son exaltation,

qui était celle d'une grande âme, disparut peu à
peu ; il porta ses regards sur les personnes qui
l'entouraient, le sourire parut sur ses lèvres,
mais ses forces étaient épuisées, il ne put que
prononcer quelques paroles d'oubli et de pardon, et recommander à tous ceux qui l'entouraient que nuls frais ne fussent faits pour son
enterrement, qu'aucun marbre ne fût placé sur
sa tombe, mais que l'argent qu'on aurait pu des-
tiner à cet usage servît à l'achèvement de son
école qu'il n'avait pas eu le temps de terminer.
Enfin, vers huit heures du matin, il rendit le
dernier soupir, sans râle, sans agonie, et en
invoquant le nom de Dieu dans ses dernières
paroles.

Le corps de Pestalozzi fut transporté à Neuhof
et enterré à Birr, le 19 février 1827. Le bruit de
sa mort n'était pas même parvenu à Aarau lorsqu'on procéda à ses obsèques, qui furent d'une
austère simplicité : des instituteurs portaient ce
cercueil qui renfermait leur maître ; les élèves
des écoles de Birr, de Brugg, de Lenzbourg et
des autres localités voisines suivaient en pleu-
rant un cortége composé des habitants du pays
qui se pressaient en foule à ces funérailles. Le
pasteur prononça une oraison funèbre qui re-

traçait brièvement tout ce que la vie de Pestalozzi avait causé de bien sur cette terre ; les instituteurs et leurs élèves chantèrent sur cette
tombe un chœur de reconnaissance pour les
travaux du père qu'ils pleuraient, et son corps
fut enterré à la place qu'il avait désignée lui-
même, le plus près possible de cette école de
Birr qu'il avait voulu édifier avant sa mort. « Je
« veux qu'on m'enterre sous la gouttière de
« l'école, avait-il souvent répété, et qu'on n'in-
« scrive que mon nom sur la pierre qui me re-
« couvrira : lorsque les gouttes d'eau l'auront
« creusée à moitié, on se montrera peut-être
« plus juste envers ma mémoire qu'on ne l'a
« été, envers moi, pendant ma vie. »

Il n'a pas fallu moins de temps pour que cet
espoir se réalisât, car ce ne fut que vingt ans
après sa mort, et grâce à la sollicitude du gouvernement d'Argovie qui voulut fêter le centième
anniversaire de sa naissance (le 12 janvier
1846), que les nombreux pèlerins qui vont visiter son tombeau, purent lire sur un monument
élevé à sa gloire, par la nation tout entière,
cette inscription qui résume si bien la vie que
nous venons d'esquisser :

Ici repose

Henri PESTALOZZI,

né a Zurich le 12 janvier 1746,

décédé a Brugg le 17 février 1827.

Sauveur des pauvres a Neuhof.

Instituteur du peuple dans Léonard et Gertrude;

a Stanz, père des orphelins; .

a Berthoud, a Munchen - Buchsée,

fondateur de la nouvelle école du peuple;

a Yverdon, précepteur de l'humanité.

Homme - Chrétien - Citoyen

TOUT pour les autres, — pour lui-même RIEN,

béni soit son nom.

CHAPITRE IX.

Propagation de la Méthode Pestalozzi.

On a pu entrevoir à la lecture de la première partie de ces études que les principes pédagogiques de Pestalozzi n'ont guère été arrêtés que vers le commencement du XIXe siècle. Les essais de Neuhof et de Stanz avaient eu pour lui une très-grande importance, puisqu'il avait puisé dans ses expériences les éléments de son système; mais ces efforts concentrés sur un seul point n'eurent pas une grande influence au dehors, car avant la publication de l'ouvrage intitulé : *Comment Gertrude élève ses enfants,* qui ne parut qu'en 1801 et dans lequel il déposa le résultat de ses expériences antérieures, nous ne connaissons aucun ouvrage qui ait signalé au loin l'importance de la nouvelle doctrine.

Mais à la lecture de ce livre remarquable,
tous les pays allemands s'émurent, et, comme
nous l'avons dit, on vit affluer à Berthoud des
instituteurs, des voyageurs, des curieux, qui
voulaient connaître la manière dont l'auteur
mettait ses principes en usage : le plus grand
nombre s'en retournait frappé d'étonnement
après avoir constaté les merveilleux résultats
qu'offrait ce système pour le développement
des facultés morales et intellectuelles. D'autres, en petit nombre, repoussaient cette nouveauté, et dans une critique assez amère ils la
traitaient de charlatanisme et ils niaient les succès que d'autres avaient constatés; mais bientôt
l'opinion publique fut fixée sur ce dernier point
par le rapport fait par M. le doyen Ith, d'après
les ordres de la diète helvétique, et il ne fut
plus possible de révoquer en doute les merveilleux progrès que faisaient les élèves de
l'institut.

Mais lorsqu'il ne fut plus possible de con-
tester ce qui était devenu incontestable, il se
trouva encore des personnes qui attribuèrent
les résultats brillants qu'offrait tous les jours
l'institut de Pestalozzi à l'enthousiasme de son
chef, à l'habileté et au nombre des maîtres qui

dirigeaient l'enseignement et qui ne voulaient
pas reconnaître l'influence du système qu'ils
mettaient en usage; et ce qui tendit à donner
surtout à ces personnes une apparence de raison, ce fut la publication des *livres élémentaires* imprimés aux frais du gouvernement helvétique et qui ne répondaient en aucune manière aux espérances que l'on avait fait naître.

En effet, ces livres composés à la hâte et par
des hommes qui étaient à peine initiés aux
principes de la méthode, étaient loin d'être satisfaisants; et il arriva ceci, c'est que les hommes qui auraient eu besoin des livres élémentaires étaient incapables de les comprendre et
de s'en servir, tandis que ceux qui les compre-
naient et qui auraient pu s'en servir les trouvaient superflus et les considéraient seulement
comme des documents intéressants qui pouvaient servir à constater les progrès que la
méthode de Pestalozzi avait faits depuis l'époque de leur publication. Quoi qu'il en soit,
l'apparition des livres élémentaires renouvela
une polémique où les détracteurs et les enthousiastes de la méthode sortirent quelquefois
des bornes d'une discussion pédagogique.

Comme cela arrive toujours en pareille cir-

constance, ces contradictions publiques ne firent
que redoubler l'attention et la curiosité que faisait naître une· question si nouvelle et si intéressante. Le besoin de répondre aux attaques,
la nécessité de faire connaître les progrès de la
méthode, l'utilité d'exposer les travaux entre-
pris par les disciples de Pestalozzi pour appliquer ses vues aux diverses branches des connaissances humaines, toutes ces causes réunies
firent naître la pensée d'une publication hebdomadaire qui devait être l'organe officiel de la
nouvelle école pédagogique.

Déjà à Berthoud on devait publier un journal
sous le titre de *Zeitschrift*, mais l'obligation de
transporter l'institut à Munchen-Buchsée força
d'abandonner ce projet ; mais pendant que
M. de Fellenberg dirigeait l'établissement et
que Pestalozzi s'était retiré à Yverdon avec
Niederer et Krusi pour s'occuper de travaux littéraires, Pestalozzi publia une *feuille périodique*
qui parut en 1804 et 1805, chez Graff, libraire
à Leipsick. Ce journal d'éducation ne fut sus-
pendu que quand la ville d'Yverdon offrit son
château pour attirer les élèves de Munchen-
buchsée.

Niederer ne renonça pas à l'idée qui lui avait

donné naissance. Dès le 2 novembre 1805, les
professeurs réunis en conférences hebdoma-
daires s'occupèrent sous sa direction de réunir
et de discuter les matériaux proposés par chacun d'eux sur les matières d'enseignement qui
leur étaient confiées. Le 13 novembre 1806,
on organisait pour la collaboration une société
réunissant un grand nombre de disciples de Pestalozzi, qui étaient allés porter à l'étranger le
système de leur maître. Enfin, le 26 du même
mois, Niederer annonçait, au nom de Pestalozzi
et de tous ses collaborateurs, l'intention de publier un *écrit hebdomadaire pour l'éducation
des hommes.*

Cette publication fut, depuis le 6 mai 1807
jusqu'à la fin de 1810, le centre auquel venaient aboutir toutes les communications relatives à l'amélioration et aux progrès des principes pédagogiques de Pestalozzi; elle renferme
des documents très-importants, qu'il est indispensable de consulter pour avoir une idée bien
nette de l'histoire et des principes généraux et
particuliers de la méthode. Malheureusement
le ton tranchant et exclusif de Niederer causa
parmi les hommes qui s'occupaient d'éducation
un profond mécontentement; il souleva bien

des oppositions contre l'Institut, et surtout contre le système dont il se montrait l'apôtre si en-
thousiaste.

On est heureux de trouver dans ce recueil
un grand nombre d'articles fort remarquables
qu'on chercherait vainement ailleurs, et qui jet-
tent un grand jour sur les travaux des collaborateurs de Pestalozzi. On y remarque surtout
des vues fort originales sur l'enseignement de
la gymnastique élémentaire, par Schmid; du
chant, par Pfiffer et Nœgeli; de la géographie,
par Henning; du dessin et des mathématiques
élémentaires, par Joseph Schmid. Ces travaux
importants eurent une grande influence et pro-
pagèrent au loin les principes professés à Yverdon. Les éléments de la *forme* et du *nombre*
furent surtout introduits officiellement, en 1809
et 1810, dans toutes les écoles élémentaires de
Wurtemberg et de Prusse, où ils forment aujourd'hui la base de tout l'enseignement de l'a-
rithmétique, de la géométrie, de l'algèbre et
du dessin géométrique [1].

Nous avons dit ailleurs les résultats de la publication du rapport fait à la diète helvétique

[1] Voir le rapport de M. V. Cousin.

par le père Girard; nous n'y reviendrons que
pour ajouter que la Suisse, l'Allemagne, furent
à cette époque inondées d'articles de journaux,
de brochures et même d'ouvrages importants
qui prenaient parti pour ou contre le système
de Pestalozzi, et l'on sait combien de semblables discussions contribuent à la propagation
des doctrines ; aussi, lorsqu'en 1817 le libraire
Cotta se chargea des œuvres complètes de Pestalozzi, il trouva très-facilement le placement
de près de 30,000 volumes qu'il édita à cette
époque.

Une seconde cause contribua puissamment à
la propagation des idées de Pestalozzi sur l'éducation élémentaire : ce fut la grande quantité des
visiteurs qui affluaient de toutes les contrées du
Nord, et surtout de l'Allemagne. On sait quelle
est dans ce pays la passion des voyages, et personne ne rentrait chez soi sans faire le pèleri-
nage d'Yverdon, où tous les étrangers pouvaient
assister aux exercices de la méthode. La ville y
gagnait des sommes considérables, et l'affluence était si grande que le bureau de police
du gouvernement de Berne déclarait qu'il passait par cette ville un nombre d'ouvriers bien
moins considérable que celui des personnes de

toutes les conditions qui allaient à Yverdon
pour étudier la méthode de Pestalozzi. Tous
ces visiteurs se retiraient enchantés de ce qu'ils
avaient vu, et ils ne pouvaient quitter l'institut sans avoir puisé auprès du maître et de
ses disciples quelques étincelles de ce feu sacré
qui les animaient pour la cause de l'éducation
élémentaire.

Mais ce qui répandit surtout le système dont
nous esquissons l'histoire, ce fut l'accueil empressé qu'il reçut de presque tous les gouvernements. On se rappelle qu'en 1802, à la suite du
rapport de M. le doyen Ith, l'établissement de
Berthoud fut érigé en école normale où tous
les instituteurs de la Suisse devaient venir étudier à tour de rôle les principes et les procédés
du système de Pestalozzi.

Il est vrai que l'acte de médiation vint arrêter
l'exécution de cette décision; mais la réputation de la nouvelle méthode était si grande,
qu'il y eut bien peu d'instituteurs en Suisse qui
s'abstinrent de venir puiser des conseils et des
exemples auprès du bon Pestalozzi. On vit
même des cantons entiers prescrire l'emploi de
son système dans toute l'étendue de leur cir-
conscription; et lorsque après le dissentiment

survenu entre Pestalozzi et Fellenberg, ce dernier vint à Yverdon pour renouer des relations qu'il regrettait d'avoir interrompues, il fut tellement satisfait des résultats qui lui furent présentés qu'il fit venir ses fils avec leur précepteur, et qu'il conçut la pensée d'organiser, avec sa capacité administrative et ses ressources financières, cette école de pauvres que Pestalozzi n'avait pu mener à bonne fin à cause de sa trop grande bonté et de son peu de ressources; il ne voulut pas appliquer d'autre système que celui de Pestalozzi. Ce fut alors qu'il retint à Hofwyl M. Zeller, qui avait suivi avec grand succès le cours normal d'Yverdon; il le chargea d'enseigner à son tour les principes de la méthode aux instituteurs du canton de Berne, qu'il réunit gratuitement chez lui à cet effet, avec l'agrément de l'autorité.

Les gouvernements étrangers ne se montrèrent pas moins empressés que le gouvernement helvétique à répandre dans leurs États la nouvelle doctrine pédagogique. Le gouvernement danois envoya, en 1803, deux professeurs pour l'étudier dans tous ses détails. Après un séjour de plusieurs mois à Berthoud, MM. Torlitz et Ströhm reportèrent en Danemark le fruit de

leurs études, et ils publièrent dans ce pays,
non-seulement *Léonard et Gertrude*, mais encore les livres élémentaires imprimés par ordre
de la diète. A la même époque, M. Vierck
devint l'apôtre de la méthode en Suède.

Ce fut également en 1803 et 1804 que M. Mul-
ler fut envoyé à Berthoud par le gouvernement
bavarois pour étudier la méthode, qui trouvait
un zélé partisan dans le prince Louis, aujour-
d'hui roi de Bavière, et qui, lorsqu'il était encore prince héréditaire, était allé visiter en personne les instituts de Pestalozzi. Il avait même
un tel sentiment de vénération pour ce digne
philanthrope, que lorsqu'en 1808 il conçut la
pensée de ce Panthéon qu'il a fait construire
depuis qu'il est sur le trône, il envoya à Yverdon un sculpteur habile pour faire le buste de
Pestalozzi, qui, après être resté placé longtemps
dans les appartements du prince, figure hono-
rablement aujourd'hui au milieu des illustrations
que renferme le Walhalla. M. de Mongelas, ministre d'État, à qui la Bavière doit la réorgani-
sation de l'instruction publique, témoigna aussi
la plus profonde estime à Pestalozzi, auquel il
confia même l'éducation de ses fils. La même
bienveillance accueillit Schmid lorsqu'il fonda

l'école de Bregenz, ville soumise alors à la Bavière.

Le système de Pestalozzi trouva la même
sympathie dans le royaume de Wurtemberg.
Le ministre de l'intérieur, M. le baron de Wan-
genheim, vint visiter Yverdon en 1807, et il
partagea l'enthousiasme général. Il en parla au
roi, qui rappela de chez M. de Fellenberg, Zeller, sujet wurtembergeois; il lui confia la direction de l'école normale de son royaume. Un
examen de quarante élèves des deux sexes eut
lieu devant le roi, qui fut émerveillé à son
tour. « Notre roi, écrivait le baron de Wan-
genheim (Stuttgard, le 1er août 1808), notre
roi est devenu pestalozzien du sommet de la
tête jusqu'au bout du grand doigt des pieds;
c'est un pestalozzien de bon aloi... Il a dit à
son ministre de l'instruction publique, le comte
de Mandelsloh, de lui adresser un rapport sur
les propositions que Zeller pourrait lui faire afin
d'introduire ce système dans tout le royaume.»
Huit ans plus tard, en 1816, la grande-du-
chesse d'Oldenbourg, sœur de l'empereur de
Russie, devenue reine de Wurtemberg, allait
aussi visiter Yverdon. Tout ce qu'elle vit fit
une telle impression sur elle, que touchée jus-

qu'aux larmes, elle sollicita de Pestalozzi l'envoi
de deux professeurs pour faire l'éducation de
ses propres fils.

Les succès de Zeller avaient attiré l'attention
du roi de Prusse, dont le gouvernement se
montrait très-attentif à tout ce qui pouvait
améliorer le sort du peuple par l'éducation.
Déjà, quelques années auparavant, il avait
chargé l'un des hommes les plus célèbres de
l'Allemagne, M. de Gedicke, conseiller du Con-
sistoire, directeur d'un des plus grands gymnases de Prusse, et membre de l'Académie royale
de Berlin, de faire le voyage de Berthoud.
Malheureusement, lorsqu'il allait remplir la
mission que son souverain lui avait confiée, la
mort enleva ce savant à l'art de l'éducation,
qu'il avait cultivé avec un grand succès. Quelque temps après, la guerre obligea d'ajourner
les projets d'amélioration pour l'enseignement
populaire.

Mais après l'invasion française, le patriotisme
des Prussiens chercha tous les moyens de
sauver le pays de la domination étrangère, et
toutes les idées se tournèrent vers l'éducation
publique. Dans ses cours à la jeunesse prussienne, le philosophe Fichte recommandait à

l'attention publique la méthode. de Pestalozzi
comme le seul moyen d'atteindre le but qu'on
se proposait. Dans son *Discours à la nation allemande*, il trouvait dans sa propagation un
remède à tous les maux. Le célèbre philosophe
Herbart publiait à Kœnigsberg des ouvrages
élémentaires d'après les principes de Pestalozzi.
Ce fut alors que la reine Louise et le ministre
Schrötter firent à Zeller des propositions si
avantageuses pour l'attirer en Prusse, que celui-ci, après s'être fait remplacer à Stuttgard,
et avec le consentement de M. de Wagenheim,
se rendit dans la Prusse occidentale, où il reçut
mission de fonder des écoles populaires et des
écoles normales où il devait professer les doctrines de son maître. En outre, la reine Louise
obtenait de son illustre époux les fonds nécessaires pour envoyer des pensionnaires à Yverdon, afin de se mettre au courant des perfectionnements de la méthode; et le ministre Süvern,
qui était l'intermédiaire infatigable des résolu-
tions royales, rappelait les élèves-maîtres après
un séjour de trois ans auprès de Pestalozzi, et
leur confiait la direction des séminaires de maîtres d'école, où ils initiaient leurs élèves à tous
les détails du système qu'ils avaient étudié; et

cela fut si souvent répété, que sur quarante-
huit séminaires qui existent dans toutes les
provinces de la monarchie prussienne, il n'y en
a pas deux dans lesquels les principes de Pestalozzi ne forment la base du système d'enseignement.

L'exemple de la Prusse avait été suivi par
d'autres États allemands. Le grand-duc d'Oldenbourg avait envoyé à Berthoud et à Munchen-Buchsée M. de Turck, conseiller de justice, dont les *Lettres sur la méthode d'éducation élémentaire de Pestalozzi* ont si puissamment contribué à la propagation du système
dans tous les pays allemands. Le grand duc de
Bade avait envoyé, sous la conduite de M. Ladomus, ancien élève de l'École Polytechnique
de France, et directeur de l'École Polytechnique
de Carlsruhe, plusieurs instituteurs instruits qui
reportèrent chez eux les principes qu'ils avaient
étudiés à Yverdon. La Saxe, le Hanovre, les
États de Brunswick, de Nassau, de Mecklem-
bourg, les duchés de Hesse, la principauté de
Lippe-Detmold, etc., etc., suivirent également
l'impulsion. De nombreuses écoles pestaloszien-
nes se fondaient de toutes parts; les élèves formés par l'institut étaient recherchés par tous les

gouvernements, et l'on vit bientôt l'Allemagne
couverte d'établissements d'instruction primaire et secondaire dirigés d'après les principes
de Pestalozzi.

La nomination de M. de Muralt aux fonctions de ministre protestant à Saint-Pétersbourg
amena dans cette ville la fondation d'un institut
pestalozzien, qui fut vivement soutenu et en-
couragé par MM. Capo d'Istria, Transée de
Stackelberg et le ministre d'État Kotschubey,
qui avaient visité Yverdon.

Plus tard, en 1816, lorsque la guerre eut
cessé en Europe, le gouvernement délégua
quatre professeurs pour étudier les principaux
systèmes d'instruction publique ; ils s'arrêtèrent quelques jours seulement à Londres pour
étudier le système de Lancastre ; mais ils restèrent deux ans à Yverdon pour acquérir une
connaissance parfaite du système mis en usage
par Pestalozzi afin de pouvoir l'enseigner en
Russie.

De tous les États allemands, l'Autriche était
le seul qui n'eût pas adopté la nouvelle doctrine pédagogique ; elle avait cependant été bien
près de l'introduire dans ses écoles, lorsque le
grand-duc de Toscane, Léopold, admirateur

zélé de Pestalozzi, avait succédé à Joseph II, et
lorsque le ministre Zizendorf avait quelque influence dans le cabinet de Vienne. Mais les
guerres constantes dans lesquelles l'Empire était
engagé ne laissaient place à aucune tentative
pédagogique ; seulement il se montra toujours
très-favorable aux principes de Pestalozzi ; et
lorsque Schmid vit passer son école de Brégenz
sous la.domination de l'Autriche, il n'eut qu'à
se féliciter de la protection et des égards dont
il. fut l'objet de la part des autorités autri-
chiennes.

On voit que ce mouvement s'était promptement communiqué dans tous les pays où l'on
pouvait lire les travaux de Pestalozzi. Il ne s'arrêta pas cependant à l'Allemagne ; la Hollande
avait aussi envoyé à Yverdon, en 1807, des
instituteurs très-instruits pour puiser à la source
même les renseignements dont le gouvernement
avait besoin pour améliorer ses écoles : déjà,
dans cette contrée, comme en Prusse, on avait
introduit dans le xvii° siècle les principes de
Coménius dont ceux de Pestalozzi se rappro-
chent beaucoup. Il n'y eut donc pas une
grande révolution à faire pour ouvrir des écoles
pestalozziennes et pour introduire dans les

établissements anciens le nouveau système.

Mais ce fut surtout en Espagne que le système de Pestalozzi obtint un véritable succès. Avant l'invasion et la révolution d'Espagne, le roi Charles IV s'occupait avec une grande bonté de procurer des avantages à la nation qu'il gouvernait ; il vit qu'elle avait un grand besoin de réformer et d'améliorer les méthodes d'enseignement et d'adopter un plan général d'éducation basé sur des principes plus solides et mieux raisonnés.

Charles IV fit donc écrire à tous ses ambassadeurs, à tous ses ministres près des gouvernements étrangers, pour les inviter à faire parvenir à Madrid tous les règlements sur cette matière et les traités d'éducation les plus accrédités. La France, le Danemark et la Suisse offrirent des matériaux riches et abondants, et parmi ces documents ceux qui avaient rapport à la méthode de Pestalozzi parurent les plus précieux et les plus dignes d'attention. Le roi se décida à faire un essai de cette méthode : il donna des ordres en conséquence et avisa, avec la plus grande générosité, aux moyens nécessaires pour former à Madrid un institut pestalozzien.

Le prince de la Paix reçut la mission spéciale
de protéger cette entreprise, et on fit venir de
Tarragone M. Voitel qui, dès septembre 1806,
avait fondé dans cette ville un institut d'après
les principes qu'il avait vu mettre en pratique
à Yverdon ; on lui adjoignit MM. Studer et
Smeller, qui furent envoyés par Pestalozzi pour
diriger l'enseignement d'après le plan qui venait d'être adopté. Une commission de savants,
présidée par un conseiller de Castille, fut nommée pour examiner la méthode, et cent élèves,
pris dans toutes les conditions, depuis l'âge de
cinq ans jusqu'à celui de seize, furent admis à
l'enseignement public de l'institut ; on écrivit à
toutes les sociétés, à tous les corps savants et
enseignants d'Espagne, afin qu'ils envoyassent
des hommes instruits pour se pénétrer de la
méthode, et plus de soixante personnes respectables par leurs connaissances, leur moralité et
d'autres qualités recommandables, arrivèrent à
l'institut de toutes les provinces de la monarchie. Les maîtres des écoles de Madrid furent
les premiers qui concoururent à l'établissement,
et ils se disputèrent l'honneur de diriger les différentes sections ou classes qu'on forma à mesure que les élèves faisaient des progrès.

Il était difficile de prendre des mesures plus politiques et mieux réfléchies pour donner à cette expérience tout la publicité, toute la solidité convenables ; aussi l'institut acquit promptement une réputation méritée, et les enfants prouvèrent par des progrès vraiment surprenants qu'il était difficile d'adopter un système plus favorable au développement de leurs facultés physiques, intellectuelles et morales.

La commission de savants suivit pendant huit mois le progrès de l'enseignement et adressa plusieurs rapports au gouvernement, en déclarant dans le dernier, daté du 25 juillet 1807, « que la méthode était bonne dans tous ses rapports, qu'elle était bonne par les résultats intellectuels produits par elle dans les enfants, qu'elle était bonne par la manière de leur apprendre à parler, à lire, à écrire et à dessiner ; qu'elle était bonne par son influence sur la moralité des enfants, et par la disposition qu'elle leur donnait pour se consacrer aux arts, aux sciences et à toutes les professions utiles, et que par conséquent elle devait être adoptée. »

Toutes ces conclusions, précédées de raisonnements et de preuves décisives, furent envoyées au gouvernement. M. Andujar traduisit

les œuvres élémentaires de Pestalozzi et en fit
présent à l'institut, et cet établissement reçut
une organisation provisoire d'après un règle-
ment du 7 août 1807.

M. Amoros, auquel la France doit l'introduc-
tion de la gymnastique dans ses écoles, avait
été l'intermédiaire du gouvernement dans toute
cette organisation : le roi lui confia la direction
de cet institut, et il rendit à la méthode de Pestalozzi le plus grand hommage personnel en
voulant que son fils, l'infant don François de
Paule, fût instruit par une méthode qui avait
produit sous ses yeux de si merveilleux résultats. M. Amoros fut donc également chargé de
l'éducation du jeune prince.

Une protection aussi déclarée devait faire
bien des envieux, en Espagne surtout, où tout
plan d'éducation libérale devait éprouver plus
que partout ailleurs une forte résistance ; aussi
la méthode rencontra dans cette contrée la
même opposition qu'elle avait éprouvée en
Suisse, et l'on mit tout en œuvre pour lui enlever la protection du gouvernement. On voulut d'abord s'en prendre au système lui-même,
ensuite on tenta de l'attaquer dans les applications qu'on en faisait à l'institut de Madrid ;

enfin rien ne fut épargné ni par l'intrigue, ni
par l'esprit de parti, ni par le génie fatal de
l'ignorance : mais les séances de l'institut furent rendues publiques, et sa marche assurée
détruisait toutes les résistances et réduisait à
l'impuissance et au désespoir les envieux et les
ennemis. Un examen de l'infant don François
de Paule, qui eut lieu devant le roi, la reine,
ses frères, ses oncles et toutes les personnes
attachées à la cour, offrit une nouvelle preuve
de l'excellence de la méthode, et le roi fut si
émerveillé qu'il accorda des récompenses aux
jeunes gens qui accompagnaient le prince dans
ses exercices : quatre furent créés sous-lieute-
nants, et le professeur, le capitaine Voitel, fut
promu au grade de lieutenant-colonel.

Un nouvel examen général eut lieu à l'institut le 1er janvier 1808, et cette solennité vint
confirmer le gouvernement dans la pensée que
le système de Pestalozzi était le meilleur qu'il
pût employer pour répandre l'instruction populaire.

L'abdication de Charles IV, qui eut lieu le
19 mars de la même année, vint détruire cette
fondation royale ; mais si l'école-mère cessa
d'exister par suite des événements politiques,

on peut dire avec certitude que ce furent les travaux de Pestalozzi qui portèrent les premières lumières pédagogiques dans ce pays où régnaient alors d'épaisses ténèbres.

Le royaume de Naples eut aussi son institut pestalozzien, dirigé par MM. Hofmann, Schneider et Baumgartner, tous trois disciples de Pestalozzi. Nous manquons de documents pour dire quel a été le résultat de cette fondation ; nous savons seulement que, dans l'origine, cet établissement reçut les enfants des premières familles du royaume, qui se montraient fort bien disposées à le protéger de toute leur influence.

La France ne fut pas la dernière à faire l'essai de la méthode dont nous nous occupons. Si Bonaparte n'avait pas voulu se mêler des questions d'*A*, *B*, *C* de Pestalozzi, lorsque celui-ci vint à Paris comme député de la Suisse, il avait accepté avec empressement la proposition que le général Ney lui avait faite d'introduire son système dans les écoles de France. M. Naëf, professeur de Berthoud, fut envoyé à Paris, où il commença son enseignement dans la maison des orphelins où l'administration des établissements de bienfaisance lui confia un certain nombre d'enfants. Napoléon voulut constater

lui-même les résultats obtenus : il se rendit à
l'hospice, accompagné de Talleyrand, de l'ambassadeur des États-Unis et d'un grand nombre
de personnes de distinction ; il se retira très-
satisfait des exercices qui eurent lieu devant
lui. Une commission fut nommée pour rendre
compte de cet essai, et M. de Wailly, proviseur
du lycée Napoléon, déclara [dans son rapport
que cette méthode pourrait être fort utile aux
enfants que l'on destinait aux arts mécaniques.

A la suite de cet essai, M. Maine de Biran,
sous-préfet de Bergerac, avait fait venir dans
la Dordogne un professeur de Berthoud, M. Barraud, et lui avait confié la direction d'un établissement auquel il portait le plus vif intérêt.
Ce fonctionnaire philosophe faisait tous ses efforts pour combattre la routine, et il saisissait
toutes les occasions de recommander l'application des principes de Pestalozzi, d'en faire connaître les résultats dans des séances publiques.

« Nous venons de le voir, disait-il dans une
solennité de ce genre ; cette école encore à son
début a su s'approprier les méthodes d'éducation les plus conformes à la nature de l'homme
et à l'ordre progressif du développement de ses
facultés. Nos examens publics fournissent déjà

d'heureuses preuves de leur influence ; mais
ces méthodes sont nouvelles pour nous, et la
seule nouveauté des choses ou des noms pré-
vient et irrite souvent des esprits qui, n'ayant
pas assez de forces pour sortir de l'ornière de
l'habitude, condamnent sans examen tout ce
qui s'en écarte, et voudraient arrêter un mouvement qu'ils sont incapables de suivre. Pourquoi, s'écrient-ils, vouloir être plus sages que
nos pères ?..... A quoi bon les réformes dans
les systèmes d'enseignement et d'éducation, et
comment ose-t-on nous proposer de changer les
méthodes anciennes auxquelles nous devons ces
hommes à jamais célèbres qui ont illustré la
France littéraire et savante et que ceux de nos
jours n'ont jamais égalés ? Pour apprécier de
semblables objections, il suffirait sans doute
de consulter ces grands hommes qu'on nous
cite pour exemple. Plusieurs sont convenus de
bonne foi qu'ils avaient dû refaire eux-mêmes
leur éducation de collége et oublier une grande
partie des choses qu'ils y avaient apprises pour
recommencer sur nouveaux frais et bâtir sur
des fondements plus solides. S'ils se sont élevés
à une hauteur qui nous étonne encore aujour-
d'hui, ce n'est donc pas à l'aide des méthodes

d'enseignement qu'on nous vante, mais malgré
ces méthodes même. Eh! qui pourrait fixer le
degré de perfection que ces hommes supérieurs
auraient pu atteindre si, au sortir de leurs premières études, ils n'eussent eu besoin que de
se porter en avant au lieu de revenir en arrière;
s'ils s'étaient appuyés sur des méthodes plus
parfaites, s'ils n'eussent été surtout soutenus
par un concours de forces moins dispropor-
tionnées à celles dont ils se trouvaient doués
par une nature excellente. Qu'on ne juge pas
des méthodes d'instruction par leur influence
présumée sur un petit nombre d'esprits supérieurs, car on sait assez que le génie n'a pas
besoin de maître et qu'il est lui-même son propre instituteur; qu'on juge plutôt cette influence
elle-même par l'état de la raison commune et
par la masse des connaissances répandues dans
la nation. Or, c'est ici le côté faible des partisans exclusifs des anciens systèmes : pourquoi en
effet des siècles célèbres par quelques hommes
de génie, qui y ont répandu leur éclat, se trou-
vent-ils réellement si peu avancés quand on a
égard au degré des lumières et de la civilisation
commune? N'est-ce pas en grande partie la
faute de l'enseignement public? On ne nous cite

que des hommes rares dont les noms nous sont
parvenus. Que ne nous parle-t-on de tant de
talents naturels avortés dans leur principe ; de
tant de bons esprits faussés peut-être pour toujours par des systèmes d'enseignement qui atta-
chaient une importance exclusive au matériel
des signes ou des formules, et qui, partant toujours du vague des abstractions, commençaient
et finissaient par les ténèbres.

« Nos méthodes nouvelles n'ont point, il est
vrai, la prétention d'éduquer et de former seules
ce petit nombre de génies qui savent se passer
des méthodes ou s'en créer de particulières ;
elles ont seulement pour but d'appuyer la faiblesse des esprits ordinaires, de leur fournir
d'utiles leviers ; elles tendent surtout à développer également pour tous cette faculté de raison
nécessaire à toutes les conditions, applicable à
tous les états, à tous les besoins de la vie humaine.

« Tel devait être surtout le résultat final de
cette institution primaire dirigée d'après les
principes de Pestalozzi ; que nous avions proposé de rendre Normale dans le projet imprimé,
adressé à tous les pères de famille de cet arron-
dissement. Mon désir eût été de la voir se pro-

22.

pager parmi le peuple des campagnes et dans
toutes les classes de la société, au moyen d'instituteurs choisis et formés dans cette école.
Félicitons-nous que cette idée de bien public
aille si heureusement se rallier aux vues bienfaisantes et élevées qui ont dicté le décret d'organisation de l'Université impériale.

« Laissons donc déclamer les esclaves aveugles
de la routine et des préjugés, et pendant qu'ils
nient le mouvement, marchons, avançons vers
le but; opposons toujours les faits aux décla-
mations, l'expérience aux arguments, la bonne
foi au charlatanisme, et tôt ou tard viendra le
triomphe complet de la raison et de la vérité.»

Ce triomphe eût été facilement obtenu s'il
s'était trouvé dans chaque département de la
France un administrateur aussi dévoué que lui
à la cause de l'enseignement populaire; mais
les efforts de M. Maine de Biran furent isolés,
et son influence ne put guère s'étendre que dans
un cercle assez restreint.

L'attention publique n'avait pas d'ailleurs été
sollicitée comme en Allemagne par des publications relatives à ce sujet important, car dans
l'espace de dix ans, il ne parut guère, en France,
que deux brochures qui ne pouvaient donner

qu'une idée bien vague du système de Pestalozzi.
La première fut publiée en 1804, par un ami de
Naëf, sous le titre de : *Précis de la nouvelle
Méthode d'éducation ;* elle était suivie de *quelques considérations sur cette méthode, par
M. Amaury Duval.* La seconde, écrite en français par M. de Chavannes, parut en 1805, sous
le titre de : *Esprit de la Méthode élémentaire
de M. Pestalozzi.* Ce travail important parvint
à une seconde édition, en 1809, et l'examen
dont il devint l'objet de la part de quelques
journaux, finit par provoquer l'attention du gouvernement. M. de Montalivet, alors ministre de
l'intérieur, engagea M. Jullien, de Paris, à aller
étudier ce système, et celui-ci consigna les résultats de ses observations dans deux volumes
qui parurent à Milan, en 1812, sous le titre de :
Esprit de la Méthode d'éducation de Pestalozzi,
dans lesquels il fit connaître, avec plus de détails,
tout ce qui pouvait éclairer les amis de l'éducation sur les principes fondamentaux de ce système.

Cet exposé contribua puissamment, même
par les critiques auxquelles il donna lieu, à
populariser le nom et les idées de Pestalozzi.
Madame Guizot (Pauline Meulan) y puisa le sujet

de trois lettres à son mari, qui furent lues avec
le vif intérêt qu'on apportait à tout ce qu'elle
écrivait dans les *Annales de l'Éducation.* Ces
publications firent en France le même effet
qu'avait produit douze ans plus tôt, en Allemagne, l'apparition de : *Comment Gertrude
élève ses enfants.* On voulut visiter Yverdon et
l'on y vit arriver un grand nombre de Français
de distinction, dont les noms se retrouvent plus
tard dans l'histoire des tentatives qui furent
·faites en France pour propager l'instruction populaire. Après madame de Staël, qui avait consacré un chapitre de son livre sur l'*Allemagne* à
faire connaître Pestalozzi, on vit successivement
à l'Institut, MM. de Clermont-Tonnerre, de
Dreux-Brézé, de Bourbon-Busset, Biot et
Geoffroy Saint-Hilaire; MM. Ordinaire, Matter,
Artaud, Dubois (de la Loire-Inférieure); MM. de
Gérando, de Lasteyrie, Delessert, Maine de
Biran, de Broglie, Froussard et Rey de Gre-
noble, Casimir Périer et ses deux frères, Sébas-
tiani et une foule d'autres personnages considérables qui furent émerveillés des résultats
du nouveau système, et qui tous revinrent en
France avec la conviction qu'il fallait apporter
dans ce pays une profonde réforme dans le sys-

tème d'instruction primaire qui était alors en
usage.

On sait quel était alors dans notre pays, et
même à Paris, l'état de l'instruction primaire
avant 1815. Les instituteurs, mal payés, manquaient eux-mêmes des connaissances bien faibles qu'ils devaient communiquer à leurs disciples. Les objets d'enseignement étaient par leur
nature et leur nombre au-dessous des besoins
de l'homme qui doit sentir sa dignité. La méthode d'instruction était vicieuse et absurde,
la discipline, tantôt trop sévère, tantôt trop re-
lâchée, était toujours insuffisante. Des guerres
continuelles absorbaient toutes les ressources
qu'on aurait pu consacrer à l'instruction des populations pauvres, de sorte que le gouvernement
ne pouvait guère donner son attention aux questions de méthode. Mais, lorsqu'en 1815, quelques honorables philanthropes dont la France
doit conserver les noms avec respect ; lorsque
MM. de Gérando, de Laborde, Gaultier, de
Lasteyrie, Jomard, Cuvier et Choron, furent
chargés, par le ministre Carnot, d'organiser l'instruction populaire en France, à la suite de l'or-
donnance impériale du 27 avril 1815, qui peut
être considérée comme le point de départ de

tout ce qui s'est fait en France pour l'instruction primaire dans le courant du siècle; ce fut
alors seulement qu'on songea à profiter des
travaux et des expériences de Pestalozzi; et la
commission qui comptait dans son sein MM, de
Gérando et de Lasteyrie, anciens visiteurs d'Y-
verdon, fut à peine constituée (16 mai 1815)
qu'elle proposait à Carnot d'envoyer un de ses
membres chez Pestalozzi, pour aller étudier le
système qui y était mis en pratique. Trois arrêtés
(21, 28 juin et 5 juillet) chargeaient M. Cuvier ou
à son défaut M. Jomard de cette importante
mission, Ce fut la dernière mesure que prit le
ministre Carnot dans l'intérêt de l'instruction
primaire, car trois jours plus tard Louis XVIII
rentrait à Paris et le comité cessait d'exister.
Cependant M. Cuvier fit le voyage, et à son retour il consacrait à la méthode de Pestalozzi un
chapitre d'un ouvrage qu'il publia en 1815,[1] et il
rapporta à Paris des documents qui aidèrent
puissamment dans leurs travaux les auteurs de

1. *Projet d'organisation pour les Écoles primaires*, par F. Cuvier; Paris, 1815, in-8°. Après avoir déterminé le but vers lequel
doit tendre toute instruction afin de la rendre aussi profitable qu'elle
peut l'être, M. Cuvier conclut ainsi : « Le principe des méthodes de
M. Pestalozzi me semble beaucoup plus fait pour y conduire que
celui qui jusqu'à présent a présidé à notre éducation. » R. 58-62.

diverses collections de tableaux qui servirent à l'enseignement dans les écoles mutuelles. Aussi, l'un des premiers actes de la Société pour l'instruction élémentaire qui succéda au comité Carnot à la chute de l'empire, fut de nommer Pestalozzi membre correspondant de cette société, et de lui demander communication de ses importants travaux.

Il nous serait difficile de citer ici toutes les fondations pestalozziennes qui eurent lieu en France. Cependant il est deux établissements à Paris qui ont considérablement contribué à propager les principes qui constituent la base du système.

Le premier fut fondé le 1er mai 1822 par M. Boniface qui, de 1814 à 1817, avait été l'un des professeurs les plus distingués de Pestalozzi. Il prépara pendant cinq ans les matériaux nécessaires à la fondation d'un institut à l'instar de celui d'Yverdon, mais avec les modifications nécessitées par l'état de l'enseignement en France. Il acquit bientôt les plus grands succès et une très-honorable réputation. Lorsqu'en 1829, M. de Vatisménil nomma une commission composée MM. Burnouf, l'abbé Thibaut et Guigniaut pour rechercher quelles étaient les meilleures méthodes employées dans les institutions particulières de l'académie de Paris, ces messieurs, à la suite d'un examen consciencieux, firent au ministre un rapport dans lequel la méthode employée par M. Boniface était reconnue supérieure à celles qu'ils avaient conjointement examinées.

Le second établissement qui introduisait à Paris un enseignement conforme aux principes de Pestalozzi fut la pension de M. Morin. Aussitôt après la mort de Pestalozzi, le chef de cette maison importante fit venir à Paris Schmid et cinq autres professeurs d'Yverdon; le 18 juillet 1829, un concours fut ouvert en présence du ministre et de quelques membres du Conseil royal, entre un certain nombre d'élèves du collége Louis le Grand et ceux de la pension Morin : ces derniers remportèrent l'avantage dans les examens sur les mathématiques et la géographie, seules branches d'enseignement professées d'après la méthode de Pestalozzi. A la suite de ce concours, le ministre fut si satisfait des réponses qui lui furent faites, qu'il accorda à la pension de M. Morin le titre d'*Institution* de plein exercice avec tous les priviléges accordés aux colléges royaux.

Tels sont, à notre connaissance, les faits officiels relatifs à l'emploi du système de Pestalozzi dans les établissements de MM. Boniface et Morin. Une troisième application a été faite à l'*École orthomatique* fondée en 1830 par la société des méthodes d'enseignement, mais nous n'avons aucun document qui puisse nous éclairer sur les conséquences de cet essai.

L'Angleterre fut la dernière nation qui connut le système de Pestalozzi : jusqu'en 1815, les habitants de la Grande-Bretagne n'avaient avec le continent que des communications extrêmement difficiles et très-rares ; aussi, dès qu'ils purent y voyager, on les vit accourir en Suisse, où ils étudièrent avec une grande attention ce qui se pratiquait à Yverdon.

A son retour en Irlande, lord de Vescy fonda sur son domaine, à Abbey-Leix, des écoles pestalozziennes pour les enfants pauvres et pour ses propres enfants. Un autre Irlandais, John Syng, fit la même chose dans ses terres de Rounwood ; lord Brougham visitait également Pestalozzi en août 1816, et, dans la commission d'enquête sur l'éducation qu'il présidait en 1818, il rendait compte à ses collègues de ce qu'il avait remarqué dans l'institut et de ce qu'il serait utile

d'introduire de ce système dans les écoles anglaises. A peu près à la même époque, l'institut
était visité par le célèbre Owen, le fondateur
des salles d'asile en Angleterre; par le doc-
teur Bell, qui, concurremment avec Lancastre,
avait introduit l'enseignement mutuel à Londres, et par MM. Mayo et Greaves, qui s'occupèrent, en 1826, avec tant d'ardeur, de la fondation des salles d'asile. Ces derniers secondè-
rent Pestalozzi à Yverdon et surtout à Clindy, à
la prospérité duquel ils portaient un tel intérêt
qu'ils avaient fondé à Londres un comité sous
la présidence de M. Allen pour faire venir d'Angleterre des enfants pauvres qui auraient été
élevés dans cet établissement. Enfin, vers 1810
à 1820, M. Schwabe, secrétaire de la société
des écoles anglaises et étrangères, envoyait à
Pestalozzi un jeune instituteur pour le mettre
au courant de son système. Ce fut aussi vers la
même époque que MM. Mayo, Braun, Dupu-
get, Brown, Baron et Mᵉˡˡᵉˢ Shephard, fondèrent
en Angleterre des établissements qui ont obtenu une grande renommée. L'institut fondé en
1834, à Worksop (Nottingham - Shire), par
M. Heldenmaïer, l'un des anciens élèves et
professeurs d'Yverdon, figure encore aujour-

d'hui à la tête des établissements de l'Angleterre, et il jouit d'une telle réputation, que
dans son dernier voyage à Londres, Ibrahim-
Pacha a confié ses deux fils à cet honorable instituteur. Les résultats qu'il a obtenus ont été
tels, que depuis quelques années ce disciple de
Pestalozzi s'est vu contraint, par les instances
réitérées des familles, à fonder, sous la direction de Mme Heldenmaïer et en faveur des jeunes
filles anglaises, un établissement qui est destiné à produire une grande révolution dans
l'éducation des filles en substituant à d'anciennes traditions les principes si rationnels
proclamés par Pestalozzi.

Pendant que tous les gouvernements de l'Europe s'occupaient aussi d'introduire un nouveau système d'enseignement dans les écoles
élémentaires, un simple particulier, M. Mac-
Lure, dotait son pays natal, les États-Unis, d'un
établissement d'instruction publique qui aurait
pu rivaliser avec les écoles européennes les plus
importantes. Un singulier hasard le mit sur la
voie des améliorations qu'il pourrait apporter
dans le système d'instruction publique de son
pays. En 1804, il était à Paris, et il désirait vivement voir Napoléon; il s'adressa à l'ambas-

sadeur des États-Unis qui le conduisit à cette séance où le premier consul devait constater les résultats de l'essai fait par Naëf sur les orphelins qu'on lui avait confiés.

Pendant tout le temps que durèrent les exercices, l'attention de Mac-Lure était entièrement absorbée par la contemplation de Napoléon, il ne vit rien autre chose; mais, lorsqu'on se retira, il entendit Talleyrand dire à Napoléon : *C'est trop pour le peuple.* Cette parole le frappa; il rentra dans la salle des séances, s'informa auprès de Naëf du but de la réunion; et comme son âme était profondément pénétrée de la nécessité d'améliorer la position des classes pauvres, il comprit aussitôt tout le parti qu'il pourrait tirer du système de Pestalozzi pour lui fournir des moyens d'être plus heureux; il fit à Naëf des propositions très-favorables pour qu'il consentît à aller à Philadelphie, et plus tard à Newharmonie fonder un institut pestalozzien. Il alla visiter Yverdon, et, dès cette époque, il consacra des sommes considérables à la propagation de la nouvelle doctrine dans les États-Unis d'Amérique, et il fit venir de Suisse, en 1807 et 1808, M. Schérer qu'il adjoignit à Naëf, et il envoya à la même époque à Yverdon un

Anglais, M. Skipwith, pour qu'il se mît parfaitement au courant du système et qu'il pût, à l'aide de sa langue maternelle, les propager dans toute l'Amérique anglaise.

Nous avons rassemblé dans ce chapitre les différents faits qui sont à notre connaissance personnelle pour montrer quelle a été pendant les vingt-cinq premières années du xixe siècle l'influence des travaux de Pestalozzi dans toutes les contrées de l'Europe où l'on a voulu créer ou réformer l'instruction populaire, et pour prouver que les Instituts de Berthoud et d'Yverdon furent dans toute cette période le centre d'où partirent les principes pédagogiques qui forment aujourd'hui la base de l'éducation dans presque toutes les contrées de l'Allemagne.

Ces principes sont aujourd'hui tellement répandus, et le nom de Pestalozzi est encore entouré d'une telle vénération, que dans toute cette partie de l'Europe les nombreux amis de l'éducation, tous les instituteurs de l'enfance se sont réunis, le 12 janvier 1846, pour célébrer le jubilé de la naissance de ce grand pédagogue. La Suisse, sa patrie, a choisi cette époque pour lui élever un monument et pour rendre à sa mémoire tous les honneurs qu'une nation peut accorder à l'un de ses plus illustres enfants ; les particuliers eux-mêmes , animés du désir de continuer l'œuvre qui eut la première et la dernière pensée de Pestalozzi , ont saisi avec empressement cette circonstance pour fonder en son nom plusieurs écoles de pauvres et d'orphelins d'après les idées de cet honorable philanthrope.

Mais il existe encore un autre moyen d'honorer la mémoire de Pestalozzi, de continuer son œuvre et de lui élever un monument digne de lui. Ce moyen consiste à donner sa vie en exemple à tous les hommes qui se consacrent à l'éducation de la jeunesse et à leur recommander l'étude consciencieuse des préceptes pédagogiques qu'il a mis en usage. Il appartenait à l'Académie des Sciences morales et politiques de France d'élever ce monument à la gloire de Pestalozzi, qui fut aussi l'un des enfants d'adoption de la France, en appelant sur lui l'attention des hommes qui ont sérieusement médité sur les questions d'éducation [1].

1. L'honorable distinction que l'Académie des Sciences morales et politiques de l'Institut de France a bien voulu décerner à ce Mémoire, nous impose l'obligation de faire tous nos efforts pour le rendre tout à fait digne de ce haut patronage. Pour arriver à ce but, je fais, en terminant, un appel public à tous les anciens disci-

Puisse l'esquisse que nous présentons répondre
aux vues de cette honorable assemblée et contribuer à répandre parmi les instituteurs ce zèle
fervent, cette vocation sainte, ce dévouement
sans bornes qui doivent sanctifier leur noble
mission ; puisse la seconde partie de ces Études contribuer à propager en France des préceptes dont l'excellence et l'efficacité ont été
constatées par un si grand nombre d'essais pratiques et qui servent aujourd'hui de fondement
à la pédagogie moderne.

ples de Pestalozzi, à tous ses collaborateurs, à tous les hommes qui
ont écrit sur la vie ou sur les travaux de cet homme illustre, à tous
les gouvernements, à tous ceux enfin qui, de près ou de loin, en
France ou à l'étranger, ont pris part à ce mouvement immense
qui a agité tous les pays civilisés en faveur de l'œuvre de Pestalozzi, depuis sa tentative de Neuhof jusqu'à nos jours ; je les
adjure tous, pour qu'ils veuillent bien me faire parvenir tous les
documents, tous les matériaux (en quelque langue qu'ils soient
écrits) qui pourront me permettre de rendre moins imparfait le monument que l'Académie a tenté d'élever à la mémoire du grand Pédagogue.

J'accueillerai avec le plus profond sentiment de reconnaissance tous
les renseignements qu'on voudra bien me transmettre à ce sujet, et
je m'empresserai d'en faire usage en citant les noms des auteurs ou
des donateurs dans la seconde partie de ce mémoire.

Ph. POMPÉE,
Directeur de l'École municipale Turgot,
Rue neuve Saint-Laurent, 17, Paris.

TABLE DES MATIÈRES.

FIN DE LA TABLE DES MATIÈRES.

CPSIA information can be obtained
at www.ICGtesting.com
Printed in the USA
BVHW042204270119
538820BV00008B/62/P